BILDWÖRTERBUCH FRANZÖSISCH

Helen Davies und Françoise Holmes
Illustrationen: John Shackell

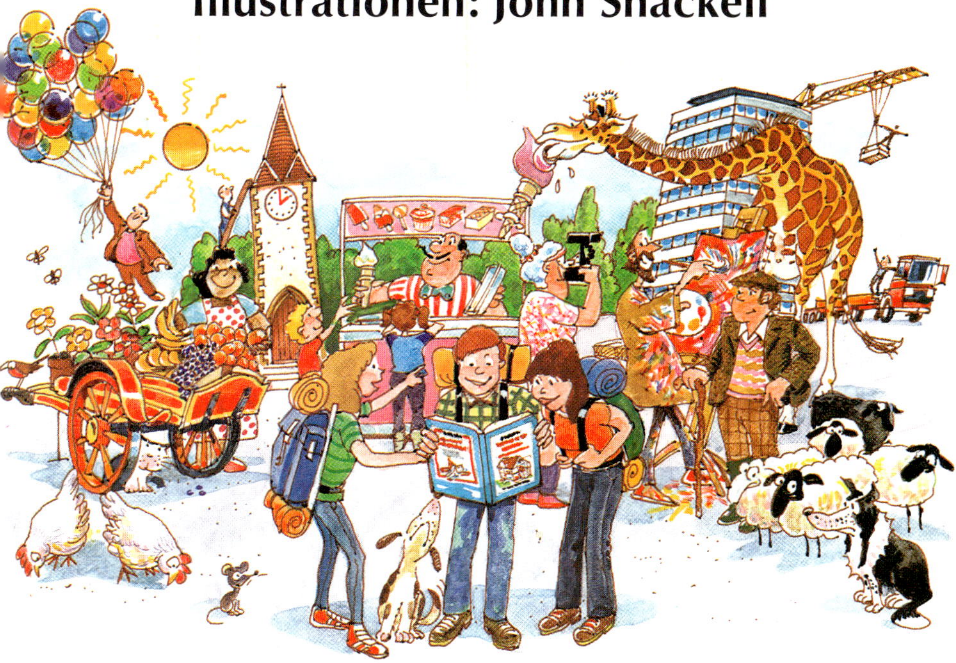

ars edition

Inhalt

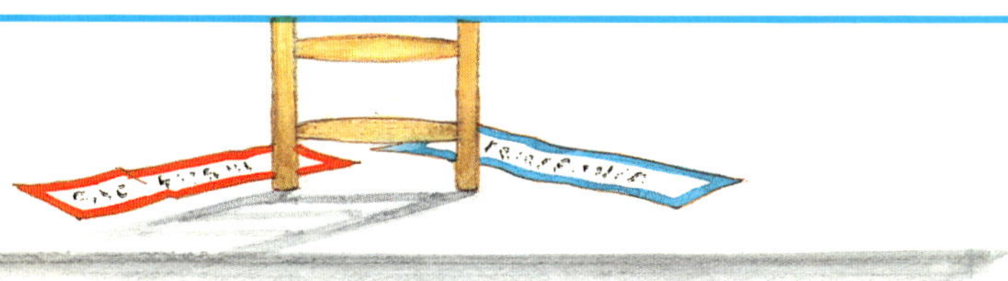

Zu diesem Buch

Dieser Band enthält über 2.000 nützliche französische Wörter mit Bildern, die dir helfen, leichter zu lernen. Zur einfachen Unterscheidung der Wortgruppen sind bei den handschriftlichen Bildinschriften die Substantive normal geschrieben (le livre - das Buch), Verben, Adjektive und Sätze hingegen kursiv (*grand* - groß).

Substantive/Hauptwörter

Im Gegensatz zum Deutschen kennt das Französische nur zwei Artikel: **le** beim männlichen (maskulinen), **la** beim weiblichen (femininen) Substantiv. Wenn ein Substantiv mit einem Vokal beginnt, wird **le** oder **la** zu **l'** verkürzt. Die Mehrzahl heißt immer **les**. Die Abkürzungen in den Kästchen bedeuten: (**w**) weiblich (feminin), (**m**) männlich (maskulin), (**E**) Einzahl (Singular) und (**M**) Mehrzahl (Plural).

Berufs- oder andere Tätigkeiten bezeichnende Substantive (z. B. Tänzer) haben oft, wie im Deutschen auch, eine maskuline und eine feminine Form. Im bebilderten Teil ist jeweils nur die zum Bild passende Form angegeben; in der Wörterliste am Ende des Buches sind aber alle Formen aufgeführt.

Adjektive/Eigenschaftswörter

Französische Adjektive ändern ihre Endung je nachdem, ob das dazugehörige Substantiv maskulin oder feminin ist. Meist wird die feminine Form gebildet, indem der maskulinen Form ein **e** hinzugefügt wird. Es gibt allerdings auch einige Ausnahmen; die wichtigsten werden auf Seite 97 erklärt.

Auf den Bildern ist das Adjektiv jeweils dem dazugehörigen Substantiv angepaßt. In den Kästchen stehen jedoch beide Formen. Wenn dort nur eine Form steht, bedeutet es, daß die maskuline und feminine Endung gleich ist.

Verben/Tätigkeitswörter

Im gesamten Text stehen die Verben im Infinitiv (im Deutschen z.B. verstecken, suchen). Die meisten französischen Verben enden auf **er**, **ir** oder **re**. Wie du die verschiedenen Formen dieser Verben bilden und anwenden kannst, findest du auf Seite 99 erklärt. Zudem gibt es ab Seite 102 eine Liste mit unregelmäßigen Verben.

Begegnungen

Bonjour	Hallo!	**l' homme (m)**	der Mann
Au revoir	Auf Wiedersehen!	**la femme**	die Frau
A tout à l'heure.*	Bis bald!	**le bébé**	das Baby
serrer la main à	die Hand geben	**le garçon**	der Junge
faire la bise à	einen Kuß geben	**la fille**	das Mädchen

présenter	vorstellen	**Comment allez-vous?**	Wie geht es Ihnen?
l'amie (w)	die Freundin	**Très bien, merci.**	Sehr gut, danke.
l'ami (m)	der Freund		
rencontrer	treffen		

*Die wörtliche Übersetzung ganzer Redewendungen findest du im Teil »Erklärung der Redewendungen« auf den Seiten 106 -108.

bavarder	plaudern
Oui	Ja
Non	Nein
D'accord.	Einverstanden.
dire	sagen
éclater de rire	laut herauslachen

le nom	der Name
le prénom	der Vorname
le nom de famille	der Familienname
Comment t'appelles-tu?	Wie heißt du?
Je m'appelle ...	Ich heiße ...
Il s'appelle ...	Er heißt ...

l'âge (m)	das Alter	**vieux (vieil, vieille)***	alt
Quel âge as-tu?	Wie alt bist du?	**plus âgé(e) que**	älter als
J'ai dix-neuf ans.	Ich bin neunzehn.	**plus jeune que**	jünger als
jeune	jung	**le même âge que**	so alt wie

***Vieux** ist ein unregelmäßiges Adjektiv. Die männliche Form wird zu **vieil** vor einem **h** oder Vokal; die weibliche Form heißt **vieille.**

Familie

la famille	die Familie	**la grand-mère**	die Großmutter
le père	der Vater	**la tante**	die Tante
la mère	die Mutter	**l'oncle (m)**	der Onkel
le frère	der Bruder	**la cousine**	die Kusine
la soeur	die Schwester	**le cousin**	der Vetter
le grand-père	der Großvater		

être parent(e) de	verwandt sein mit	**la petite-fille**	die Enkelin
le fils	der Sohn	**aimer bien**	sehr gern haben
la fille	die Tochter	**le neveu**	der Neffe
élever	aufziehen	**la nièce**	die Nichte
le petit-fils	der Enkel		

la femme	die (Ehe-) Frau
le mari	der Ehemann
les parents (m)	die Eltern
aimer	lieben, gern haben
les enfants	die Kinder
les jumeaux	die Zwillinge
le fils unique	der einzige Sohn

la vie	das Leben	**les noces (w)**	die Hochzeit
la naissance	die Geburt	**travailler**	arbeiten
naître	geboren werden	**la vieillesse**	das Alter (Lebensphase)
l'enfance (w)	die Kindheit	**la mort**	der Tod
le mariage	die Heirat	**mourir**	sterben
se marier	heiraten	**l'enterrement (m)**	die Beerdigung

Aussehen und Charakter

joli(e)	hübsch
beau (bel, belle)*	schön
fort(e)	stark
faible	schwach
maigre	dünn, mager
mince	schlank
gros(se)	dick

avoir les cheveux blonds	blond sein, blonde Haare haben	**les cheveux frisés**	lockige Haare
les cheveux bruns	braune Haare	**une frange**	der Pony
les cheveux roux	rote Haare	**des nattes**	Zöpfe
les cheveux raides	glatte Haare	**être chauve**	eine Glatze haben

*__Beau__ ist ein unregelmäßiges Adjektiv. Die männliche Form wird zu **bel** vor einem **h** oder Vokal; die weibliche Form heißt **belle.**

poli(e)	höflich
impoli(e)	unhöflich
gentil(le)	nett
idiot(e)	dumm
timide	schüchtern
sympathique	sympathisch
drôle	lustig, witzig
heureux (heureuse)	glücklich
malheureux (malheureuse)	unglücklich

le teint	die Hautfarbe	**porter la barbe**	einen Bart haben
brun(e)	braun	**porter les lunettes**	eine Brille tragen
blond(e)	hell, blond	**froncer les sourcils**	die Stirn runzeln
les taches (w) de rousseur	die Sommersprossen	**sourire**	lächeln
		rire	lachen
porter la moustache	einen Schnurrbart haben	**pleurer**	weinen

Der Körper

la tête	der Kopf
les cheveux (m)	die Haare
la figure	das Aussehen, das Gesicht
la peau	die Haut
l'oeil (m)*	das Auge
la joue	die Wange
le nez	die Nase
l'oreille (w)	das Ohr
la bouche	der Mund
la dent	der Zahn
la langue	die Zunge
la lèvre	die Lippe
le cou	der Hals
le menton	das Kinn

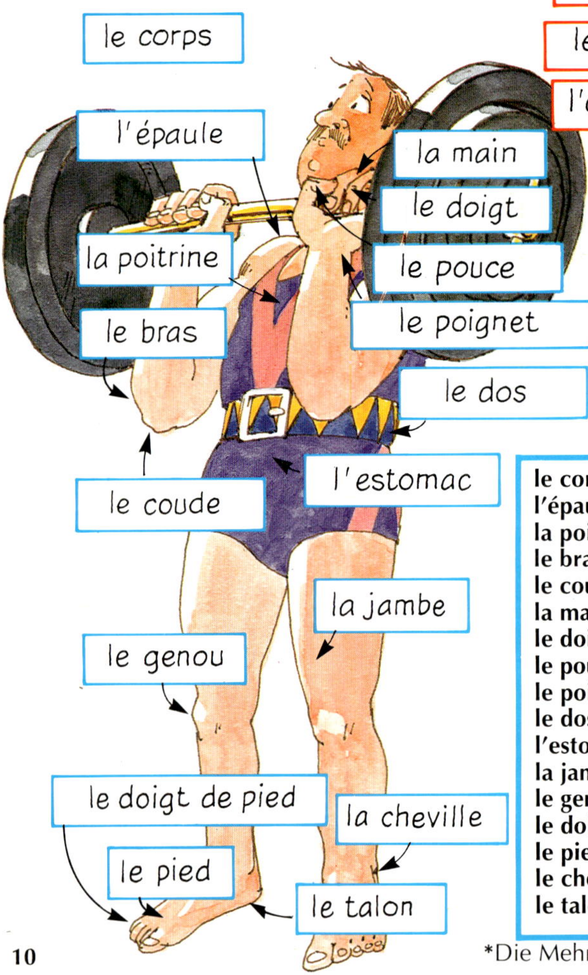

le corps	der Körper
l'épaule (w)	die Schulter
la poitrine	die Brust
le bras	der Arm
le coude	der Ell(en)bogen
la main	die Hand
le doigt	der Finger
le pouce	der Daumen
le poignet	das Handgelenk
le dos	der Rücken
l'estomac (m)	der Magen
la jambe	das Bein
le genou	das Knie
le doigt de pied	der Zeh
le pied	der Fuß
le cheville	der Knöchel
le talon	die Ferse

*Die Mehrzahl von **l'oeil** ist unregelmäßig: **les yeux.**

être grand(e)	groß sein
être petit(e)	klein sein
se peser	sich wiegen
peser peu	leicht sein
peser lourd	schwer sein

le côté gauche	die linke Seite
le côté droit	die rechte Seite

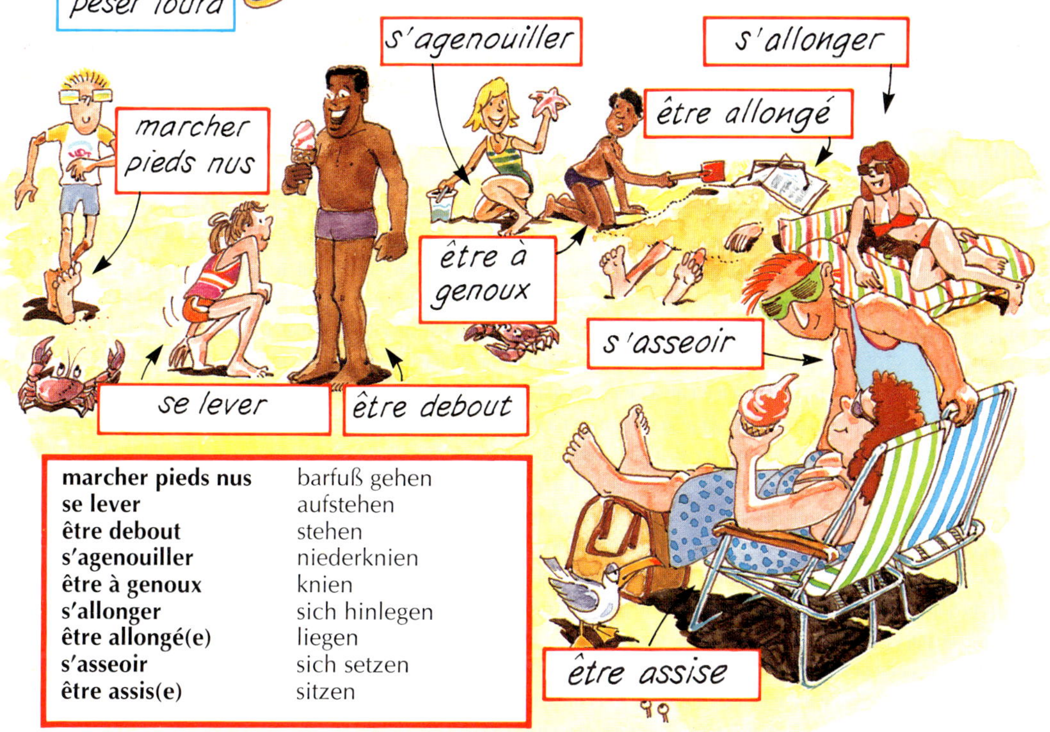

marcher pieds nus	barfuß gehen
se lever	aufstehen
être debout	stehen
s'agenouiller	niederknien
être à genoux	knien
s'allonger	sich hinlegen
être allongé(e)	liegen
s'asseoir	sich setzen
être assis(e)	sitzen

Wohnen

l' immeuble (m)	der Grundbesitz
l'appartement (m)	die Wohnung
Je suis chez moi.	Ich bin zu Hause.
le deuxième étage	der zweite Stock
la porte d'entrée	die Eingangstür
la sonnette	die Klingel
sonner à la porte	klingeln
la boîte aux lettres	der Briefkasten
le paillasson	der Fußabstreifer
le balcon	der Balkon
le premier étage	der erste Stock
le concierge	der Hausmeister
emménager	einziehen
le rez-de-chaussée	das Erdgeschoß

la maison	das Haus
habiter une maison	in einem Haus wohnen
la voisine	die Nachbarin
la propriétaire	die Eigentümerin
déménager	umziehen
le locataire	der Mieter
le sous-sol	das Untergeschoß

la fumée	der Rauch
le toit	das Dach
la cheminée	der Kamin
le grenier	der Dachboden
la fenêtre	das Fenster
le mur	die Wand
la porte	die Tür
les toilettes (w)	die Toilette
la chambre à coucher	das Schlafzimmer
la salle de bain	das Badezimmer
la cuisine	die Küche
la salle à manger	das Eßzimmer

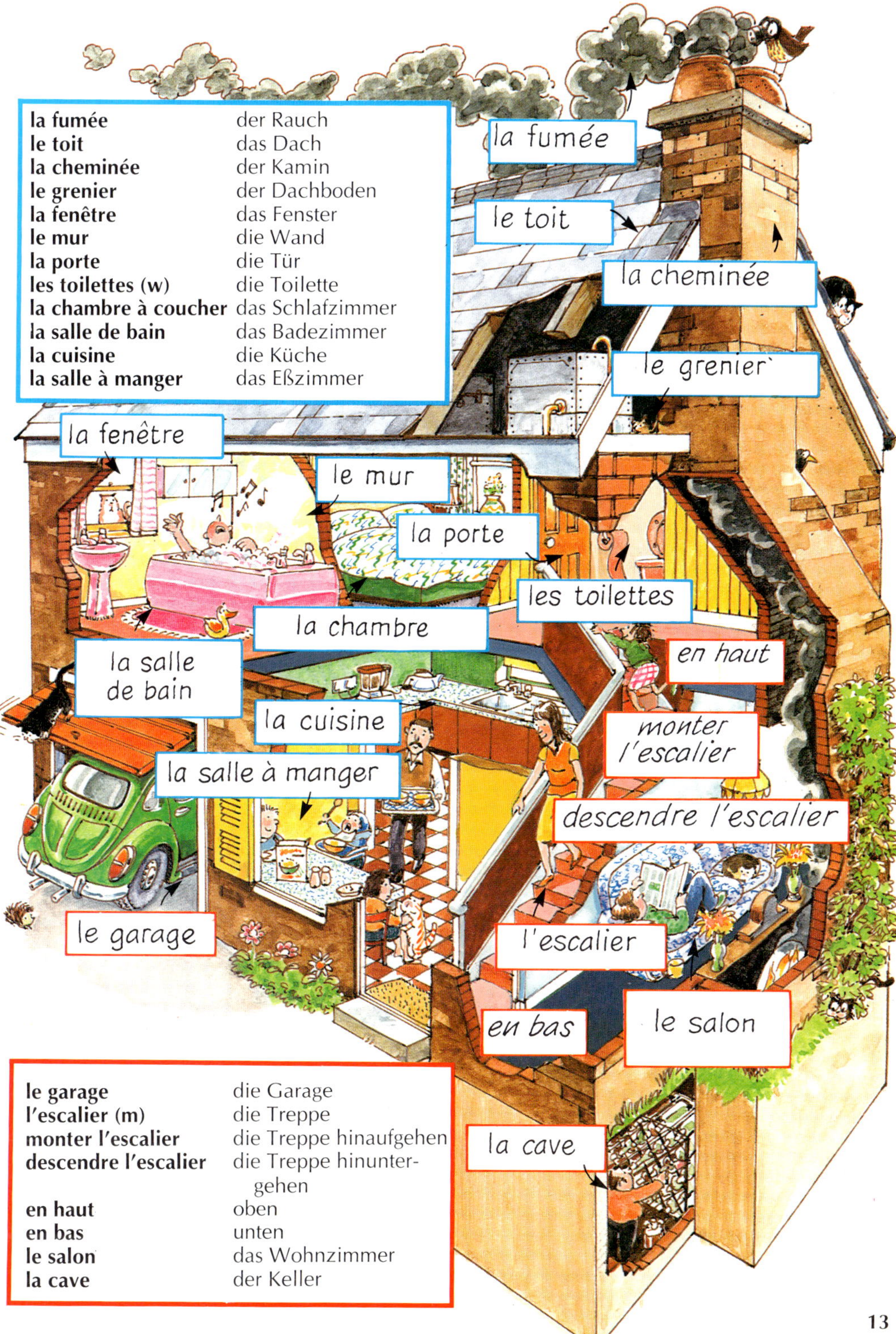

le garage	die Garage
l'escalier (m)	die Treppe
monter l'escalier	die Treppe hinaufgehen
descendre l'escalier	die Treppe hinunter-gehen
en haut	oben
en bas	unten
le salon	das Wohnzimmer
la cave	der Keller

Eß- und Wohnzimmer

la salle à manger	das Eßzimmer
la lumière	das Licht
le radiateur	der Heizkörper
la table	der Tisch
la chaise	der Stuhl
le plancher	der Fußboden
le tapis	der Teppich

le salon	das Wohnzimmer	**lire un livre**	ein Buch lesen
la pendule	die Wanduhr	**regarder la télévision**	fernsehen
le rideau	der Vorhang	**le canapé**	das Sofa
le feu	das Feuer	**la moquette**	der Teppichboden
la cheminée	der Kamin	**la télévision**	der Fernseher
le fauteuil	der Sessel	**le magnétoscope**	das Videogerät
s'asseoir au coin du feu	sich ans Feuer setzen	**la radio**	das Radio

In der Küche

la cuisine	die Küche
le placard	der Wandschrank
la machine à laver	die Waschmaschine
faire la lessive	die Wäsche waschen
le frigidaire	der Kühlschrank

le four	der Backofen
faire la cuisine	kochen
la casserole	der Kochtopf
le gaz	das Gas
la boîte à ordures	der Abfalleimer
repasser	bügeln
la prise	die Steckdose
l'électricité (w)	die Elektrizität
passer l'aspirateur	staubsaugen
faire la vaisselle	abwaschen
sale	schmutzig
l'évier (m)	das Spülbecken
essuyer	abtrocknen, abwischen
le torchon	das Geschirrtuch
propre	sauber

Im Garten

faire le jardinage	die Gartenarbeit machen
la pelouse	der Rasen
l'allée (w)	der (Garten-)Weg
le parterre	das Blumenbeet
le jardinier	der Gärtner
la tondeuse	der Rasenmäher
tondre la pelouse	den Rasen mähen
le jardin potager	der Gemüsegarten
la terre	die Erde
l'herbe (w)	das Gras

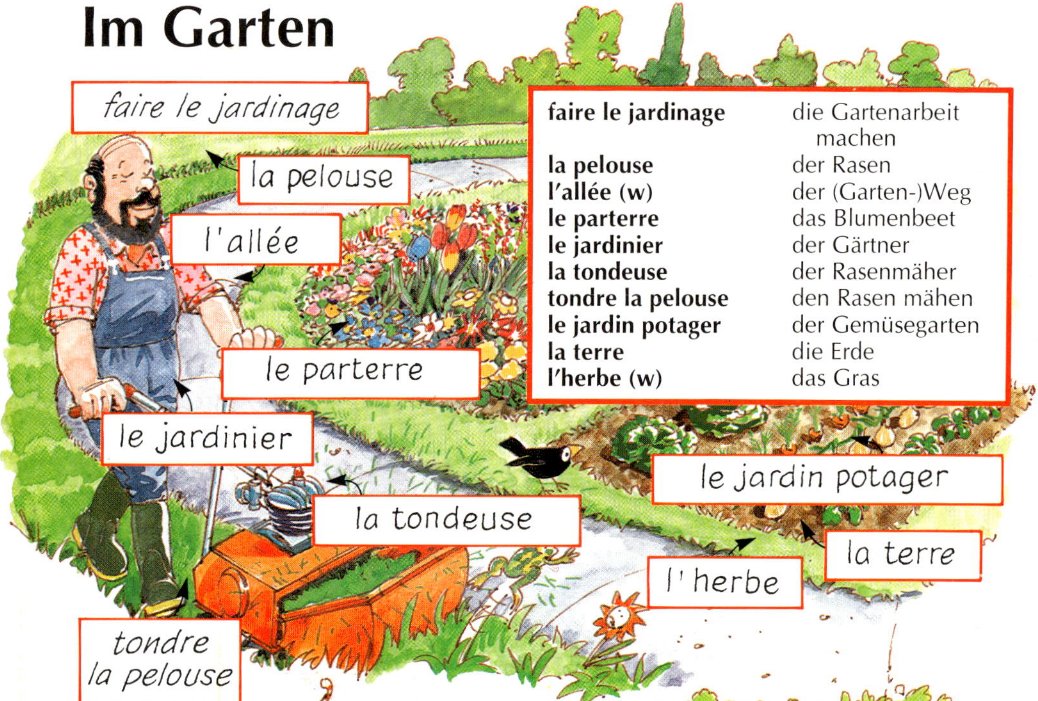

la serre	das Gewächshaus
la corde à linge	die Wäscheleine
la pince à linge	die Wäscheklammer
l'arbre (m)	der Baum
l'oiseau (m)	der Vogel
le nid	das Nest
le buisson	der Busch
l'ombre (w)	der Schatten

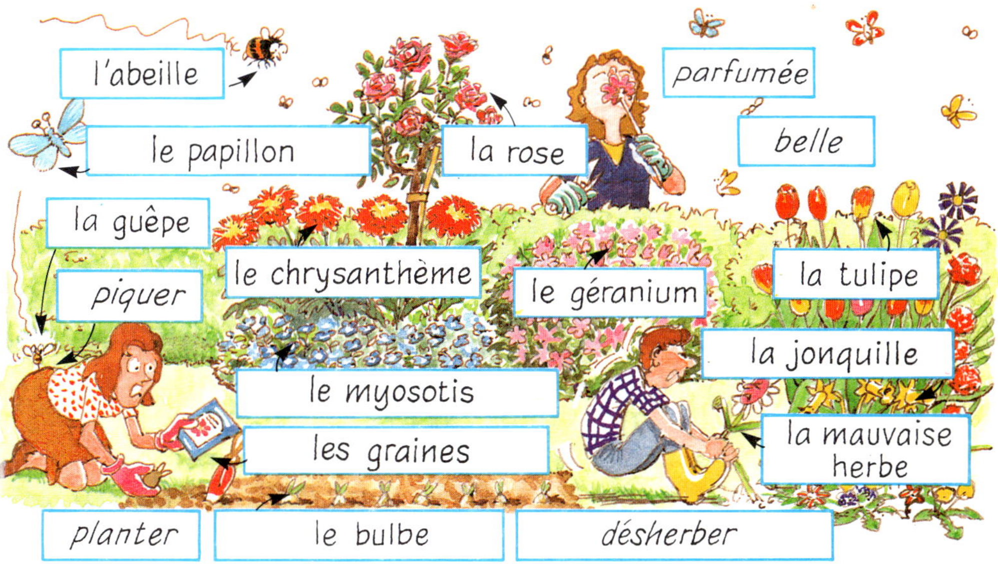

l'abeille (w)	die Biene	**la tulipe**	die Tulpe
le papillon	der Schmetterling	**le mysotis**	das Vergißmeinnicht
la guêpe	die Wespe	**la jonquille**	die Osterglocke
piquer	stechen	**les graines (w)**	die Samen
la rose	die Rose	**planter**	pflanzen
parfumé(e)	wohlriechend	**le bulbe**	die Blumenzwiebel
beau (bel, belle)*	schön	**désherber**	Unkraut jäten
le chrysanthème	die Chrysantheme	**la mauvaise herbe**	das Unkraut
le géranium	die Geranie		

l'appentis (m)	der Schuppen
la brouette	die Schubkarre
la truelle	die Kelle
le râteau	der Rechen
la bêche	der Spaten
la fourche	die Forke, Mistgabel
l'arrosoir (m)	die Gießkanne

*siehe Seite 8.

Haustiere

le chien	der Hund
la niche	die Hundehütte
le petit chien	der Welpe
la fourrure	das Fell
la patte	die Pfote
fou-fou (fo-folle)	verspielt
aboyer	bellen
ATTENTION, CHIEN MECHANT	Vorsicht, bissiger Hund!
courir après	verfolgen, nachjagen
aller chercher	holen
la queue	der Schwanz
remuer la queue	mit dem Schwanz wedeln
gronder	knurren
promener le chien	den Hund ausführen

le chat	die Katze
le panier	der Korb
ronronner	schnurren
le chaton	das Kätzchen
miauler	miauen
s'étirer	sich strecken
la griffe	die Kralle
doux (douce)	sanft
mignon(ne)	niedlich

la perruche	der Wellensittich	**le cochon d'Inde**	das Meerschweinchen
se percher	sich auf eine Stange oder einen Zweig setzen	**le lapin**	das Kaninchen
		la tortue	die Schildkröte
		la cage	der Käfig
l'aile (w)	der Flügel	**donner à manger**	füttern
le bec	der Schnabel	**le poisson rouge**	der Goldfisch
la plume	die Feder	**la souris**	die Maus
le hamster	der Hamster	**le bocal**	das kleine, runde Aquarium
le hérisson	der Igel		

Aufstehen

se réveiller	aufwachen
Bonjour	Guten Morgen!
se frotter les yeux	sich die Augen reiben
bâiller	gähnen
le réveil	der Wecker

se lever	aufstehen
tirer les rideaux	die Vorhänge aufmachen
le peignoir	der Morgenmantel

la douche	die Dusche
prendre une douche	sich duschen
se laver les cheveux	sich die Haare waschen
le shampooing	das Shampoo
faire sa toilette	sich waschen
le savon	die Seife
le gant de toilette	der Waschlappen
s'essuyer	sich abtrocknen
la serviette	das Handtuch
nu(e)	nackt

se raser	sich rasieren
la glace	der Spiegel
le rasoir électrique	der Rasierapparat
le rasoir	der Rasierer
la crème à raser	der Rasierschaum

le robinet	der Wasserhahn
l'eau (w) chaude	das heiße Wasser
l'eau (w) froide	das kalte Wasser
la dentifrice	die Zahnpasta
la brosse à dents	die Zahnbürste
se brosser les dents	sich die Zähne putzen

se sécher les cheveux	sich die Haare fönen
le séchoir à cheveux	der Fön
la brosse	die Bürste
le peigne	der Kamm
se peigner les cheveux	sich kämmen
se brosser les cheveux	sich die Haare bürsten

se maquiller	sich schminken
le mascara	die Wimperntusche
le fond de teint	das Make-up
le rouge à lèvres	der Lippenstift
le parfum	das Parfum

Kleidung

les collants (m)	die Strumpfhose
le soutien-gorge	der Büstenhalter
le slip	der Slip
la culotte	die kurze Hose
les chaussettes (w)	die Socken
la chemise de corps	das Unterhemd
le jupon	der Unterrock
le caleçon	die Unterhose

s'habiller	sich anziehen	**la cravatte**	die Krawatte
le chemisier	die Bluse	**le pullover**	der Pullover
la jupe	der Rock	**en laine**	aus Wolle
la robe	das Kleid	**le pantalon**	die Hose
porter	tragen	**le tee-shirt**	das T-Shirt
la veste de l'aine	die Wolljacke	**en coton**	aus Baumwolle
le jean	die Jeans	**la salopette**	die Latzhose
la chemise	das Hemd		

les bijoux (m)	der Schmuck
les boucles (w) d'oreille	die Ohrringe
la broche	die Brosche
le bracelet	das Armband
la montre	die Uhr
la bague	der Ring
l'alliance (w)	der Ehering
le collier	die Halskette

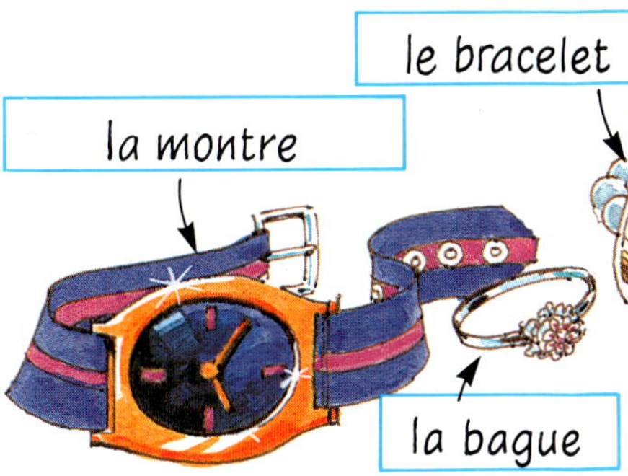

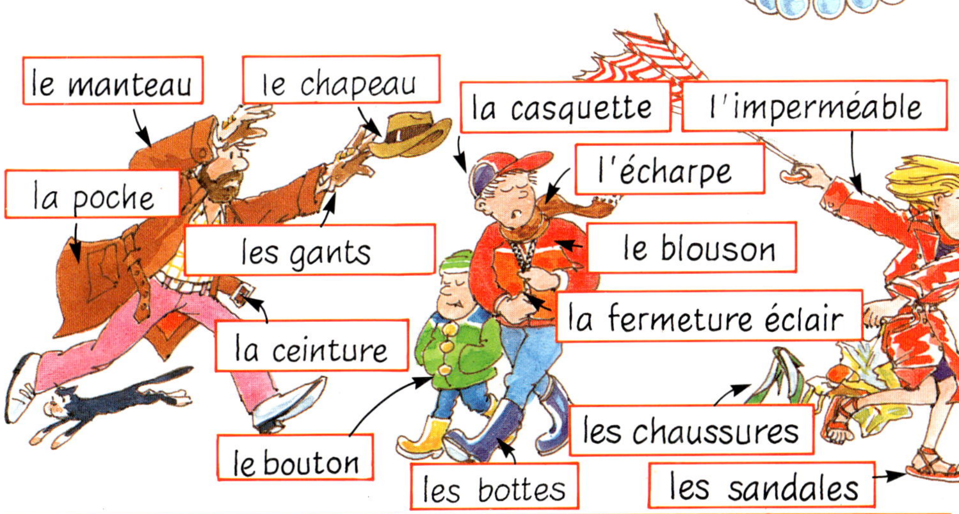

le manteau	der Mantel	**la casquette**	die (Schirm-) Mütze
le chapeau	der Hut	**l'imperméable**	der Regenmantel
la poche	die Tasche	**l'écharpe (w)**	der Schal
les gants (m)	die Handschuhe	**le blouson**	die Jacke
la ceinture	der Gürtel	**la fermeture éclair**	der Reißverschluß
le bouton	der Knopf	**les chaussures (w)**	die Schuhe
les bottes (w)	die Stiefel	**les sandales (w)**	die Sandalen

Zu Bett gehen

l'heure (w) d'aller se coucher	die Schlafenszeit
allumer	(das Licht) anmachen
avoir sommeil	müde sein
ranger ses affaires	aufräumen
se déshabiller	sich ausziehen

faire couler un bain	ein Bad einlaufen lassen
prendre un bain	ein Bad nehmen
le bain	die Badewanne
le bouchon	der Stöpsel
le peignoir de bain	der Bademantel
éclabousser	bespritzen
la descente de bain	die Badematte
la balance	die Waage

aller au lit	ins Bett gehen
le pyjama	der Schlafanzug
la chemise de nuit	das Nachthemd
les pantoufles (w)	die Hausschuhe

la berceuse	das Wiegenlied
lire une histoire	eine Geschichte vorlesen
le lit d'enfant	das Kinderbett
s'endormir	einschlafen

Bonne nuit.	Gute Nacht!	**la table de chevet**	der Nachttisch
Dormez bien.	Schlaft gut!	**la couette**	das Federbett
rêver	träumen	**le lit**	das Bett
dormir	schlafen	**ronfler**	schnarchen
éteindre	das Licht ausmachen	**l'oreiller (m)**	das Kopfkissen
la lampe de chevet	das Nachttisch-lämpchen	**le drap**	das Laken
		le dessus-de-lit	die Tagesdecke

Essen und Trinken

mettre le couvert	den Tisch decken
A table!	Zu Tisch!
la cafetière	die Kaffeekanne
la théière	die Teekanne
la serviette de table	die Serviette
le verre	das Glas
le bol	die Schale
l'assiette (w)	der Teller
la tasse	die Tasse
la soucoupe	die Untertasse
la nappe	die Tischdecke
le pot	der Krug
la cuillère	der Löffel
le couteau	das Messer
la fourchette	die Gabel

Servez-vous!	Bedient euch!
Bon appétit!	Guten Appetit!
avoir soif	Durst haben
boire	trinken
avoir faim	Hunger haben
manger	essen
C'est très bon.	Es schmeckt sehr gut.
avoir bien mangé	gut gegessen haben

le petit déjeuner	das Frühstück
le jus de fruit	der Fruchtsaft
le café	der Kaffee
le thé	der Tee
le beurre	die Butter
le pain	das Brot

le dîner	das Abendessen
la salade	der Salat
le fromage	der Käse
les fruits (m)	die Früchte
la bière	das Bier
l'eau (w) minérale	das Mineralwasser

le déjeuner	das Mittagessen
le potage	die Suppe
la viande	das Fleisch, der Braten
le vin	der Wein
les légumes (m/M)	das Gemüse
le dessert	die Nachspeise

Lebensmittel

la viande	das Fleisch
le pâté	die Pastete
le saucisson	die Wurst
le gigot d'agneau	die Lammkeule
la côte de porc	das Schweinekotelett
le poulet	das Hühnchen
le bifteck	das Beefsteak
le jambon	der Schinken
le veau	das Kalbfleisch
la saucisse	das Würstchen

les légumes (m)	das Gemüse	**le chou-fleur**	der Blumenkohl
frais (fraîche)	frisch	**(M: les choux-fleurs)**	
le chou (M: les choux)	der Kohl	**le chou de Bruxelles**	der Rosenkohl
l'ail (m)	der Knoblauch	**la salade**	der Salat
l'oignon (m)	die Zwiebel	**cru(e)**	roh
le petit pois	die Erbse	**la tomate**	die Tomate
la carotte	die Karotte	**le haricot vert**	die grüne Bohne
les épinards (m)	der Spinat	**la pomme de terre**	die Kartoffel

le poisson	der Fisch
la sole	die Seezunge
les fruits de mer (m)	die Meeresfrüchte
le cabillaud	der Kabeljau
le saumon	der Lachs

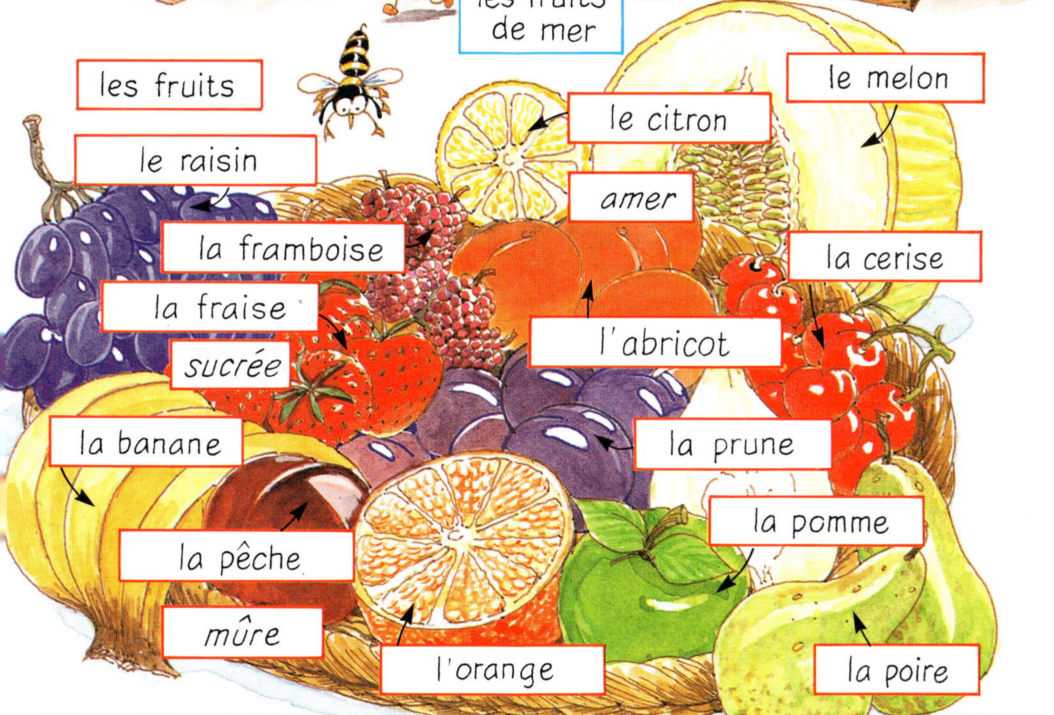

les fruits (m)	die Früchte	**amer (amère)**	bitter
le raisin	die Traube	**le melon**	die Melone
la framboise	die Himbeere	**la cerise**	die Kirsche
la fraise	die Erdbeere	**l'abricot (m)**	die Aprikose
sucré(e)	süß, gezuckert	**la prune**	die Pflaume
la banane	die Banane	**la pomme**	der Apfel
la pêche	der Pfirsich	**la poire**	die Birne
mûr(e)	reif	**l'orange (w)**	die Apfelsine
le citron	die Zitrone		

Lebensmittel

les pâtes (w)	die Teigwaren
les nouilles (w)	die Nudeln
les haricots (m)	die Bohnen
la crème	die Sahne
le lait	die Milch
la margarine	die Margarine
le yaourt	der Joghurt
le miel	der Honig
les oeufs (m/M)	die Eier
la confiture	die Konfitüre
le sucre	der Zucker
la farine	das Mehl

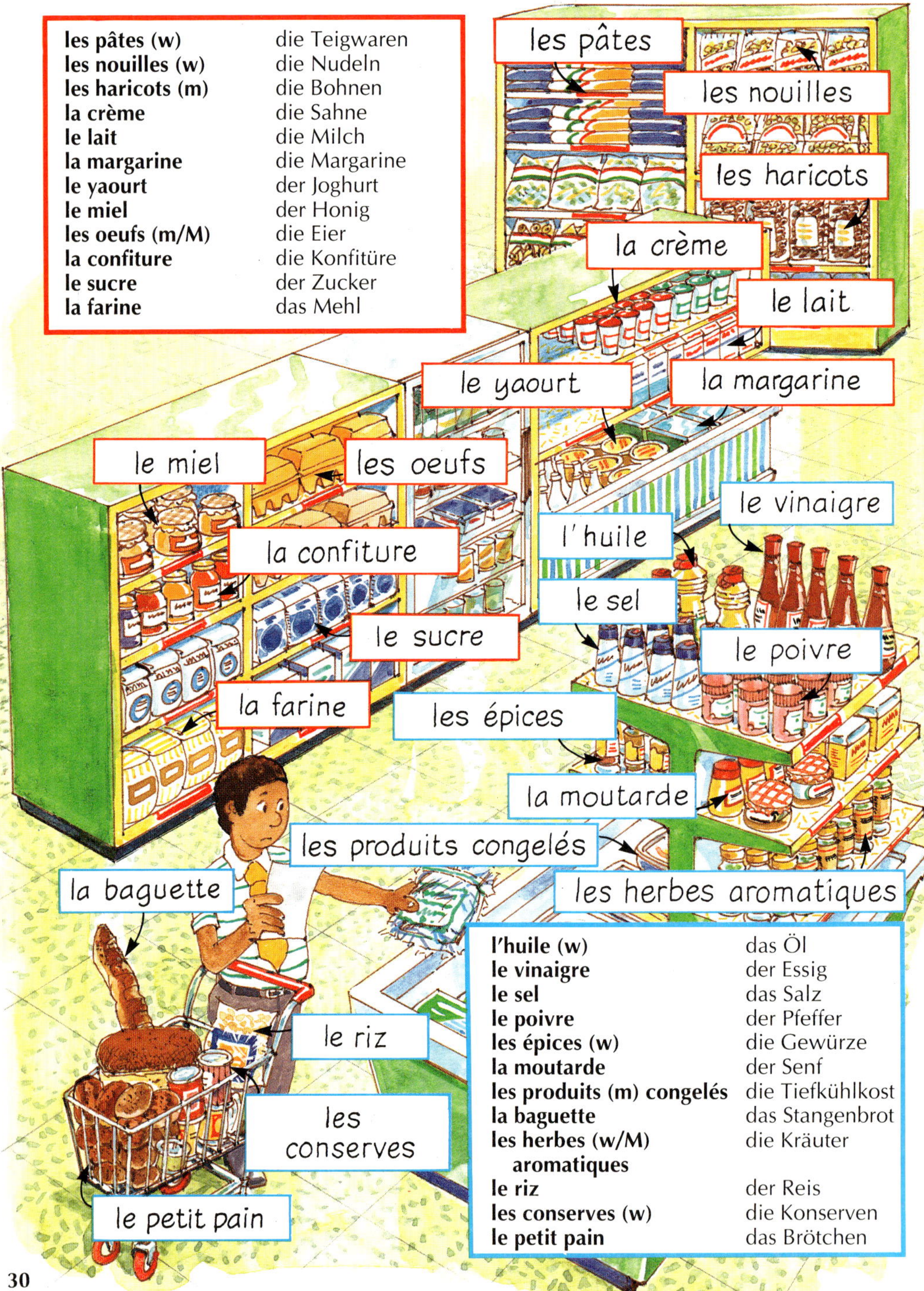

l'huile (w)	das Öl
le vinaigre	der Essig
le sel	das Salz
le poivre	der Pfeffer
les épices (w)	die Gewürze
la moutarde	der Senf
les produits (m) congelés	die Tiefkühlkost
la baguette	das Stangenbrot
les herbes (w/M) aromatiques	die Kräuter
le riz	der Reis
les conserves (w)	die Konserven
le petit pain	das Brötchen

le chocolat	die Schokolade
le biscuit	der Keks
la tarte	die Torte
le beignet	der Krapfen
le gâteau	der Kuchen
la glace	das (Speise-) Eis
la pâtisserie	das Feingebäck

faire la cuisine	kochen
la recette	das Rezept
les ingrédients (m/M)	die Zutaten
mélanger	mischen
goûter	abschmecken
le goût	der Geschmack
Délicieux!	Köstlich!

Freizeit

regarder la télévision	fernsehen
la chaîne	der Sender
l'émission (w)	die Sendung
écouter la radio	Radio hören
les écouteurs (m)	die Kopfhörer
taper du pied	mit dem Fuß den Takt klopfen

ecouter la musique	Musik hören
le magnétophone	das Tonbandgerät
la cassette	die Kassette
le tourne-disque	der Plattenspieler
le disque	die (Schall-) Platte
la musique pop	die Popmusik
la musique classique	die klassische Musik

lire	lesen
le roman	der Roman
l'héroïne (w)	die Heldin
le héros	der Held
le journal	die Zeitung
le magazine	die Zeitschrift
le journal illustré	das Comic-Heft
la poésie	die Dichtung

tricoter	stricken
les aiguilles (w) à tricoter	die Stricknadeln
le patron	das Muster
la laine	die Wolle

coudre	nähen
le tissu	der Stoff
les ciseaux (m)	die Schere
le fil	der Faden
l'épingle (w)	die Stecknadel
l'aiguille (w)	die Nadel
ourler	säumen

la menuiserie	die Tischlerei
bricoler	basteln
la scie	die Säge
fabriquer	anfertigen
le marteau	der Hammer
réparer	reparieren
adroit(e)	geschickt, gewandt
le tournevis	der Schraubenzieher

Freizeit

la photographie	die Fotogafie
prendre une photo	fotografieren
l'appareil (m) photo	der Fotoapparat
la caméra	die (Video-) Kamera
la pellicule	der Film
la photo	das Foto
au point	scharf
flou(e)	verschwommen, unscharf

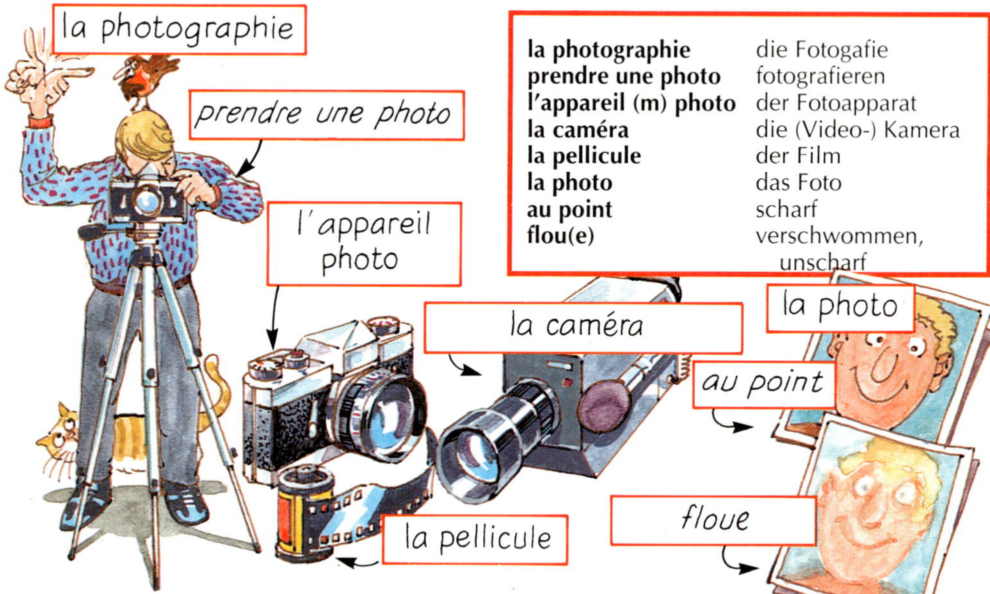

la galerie	die Galerie	**l'exposition (w)**	die Ausstellung
l'artiste (m/w)	der Künstler, die Künstlerin	**peindre**	malen
		le pinceau	der Pinsel
le tableau	das Bild	**la peinture**	das Gemälde, die Farbe

trier	sortieren
coller	kleben
faire collection de timbres	Briefmarken sammeln
la collection	die Sammlung

la musicienne	die Musikerin	**jouer du tambour**	trommeln
l'instrument (m)	das Instrument	**jouer de la trompette**	Trompete spielen
jouer du violon	Geige spielen	**jouer du violoncello**	Cello spielen
jouer du piano	Klavier spielen	**l'orchestre (m)**	das Orchester
jouer de la guitare	Gitarre spielen	**le chef d'orchestre**	der Dirigent

chanter	singen
l'air (m)	die Melodie
le choeur	der Chor
chanter faux	falsch singen

les jeux (m)	die Spiele
jouer aux cartes	Karten spielen
jouer aux dames	Dame spielen
jouer aux échecs	Schach spielen
le jeu de société	das Gesellschaftsspiel

Ausgehen

le cinéma	das Kino
aller au cinéma	ins Kino gehen
le film	der Film
la place	der (Sitz-) Platz
l'ouvreuse (w)	die Platzanweiserin
le guichet	die (Kino-) Kasse

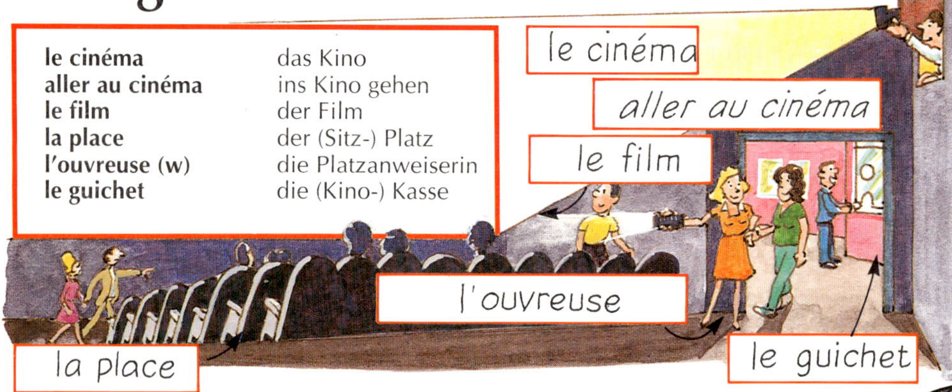

aller dans une boîte	in die Disco gehen
le disc jockey	der Disc-Jockey
danser	tanzen
la piste de danse	die Tanzfläche

le théâtre	das Theater
la pièce de théâtre	das Theaterstück
le décor	das Bühnenbild
le projecteur	der Scheinwerfer
l'actrice (w)	die Schauspielerin
l'acteur (m)	der Schauspieler
la scène	die Bühne
les spectateurs (m)	die Zuschauer
applaudir	Beifall klatschen
beaucoup aimer	sehr gern haben
Bis!	Zugabe!

le ballet	das Ballett	**l'opéra (w)**	die Oper
le danseur de ballet	der Balletttänzer	**le chanteur**	der Sänger
célèbre	berühmt	**le costume**	das Kostüm

le restaurant	das Restaurant	**le dessert**	die Nachspeise
le garçon	der Kellner	**l'addition (w)**	die Rechnung
la carte	die (Speise-) Karte	**Service compris?**	Bedienung inbegriffen?
Que désirez-vous?	Sie wünschen?	**Service non compris!**	Bedienung nicht inbegriffen!
commander	bestellen	**le pourboire**	das Trinkgeld
servir	bedienen	**le plateau**	das Tablett
l'entrée (w)	die Vorspeise		
le plat principal	der Hauptgang		

Im Zoo

le zoo	der Zoo
l'animal (m)	das Tier
le zèbre	das Zebra
la girafe	die Giraffe
l'ours (m) blanc	der Eisbär
l'éléphant (m)	der Elefant
la trompe	der Rüssel
la défense	der Stoßzahn
le gorille	der Gorilla
sauvage	wild
apprivoisé(e)	zahm
donner à manger	füttern
le gardien de zoo	der Zoowärter

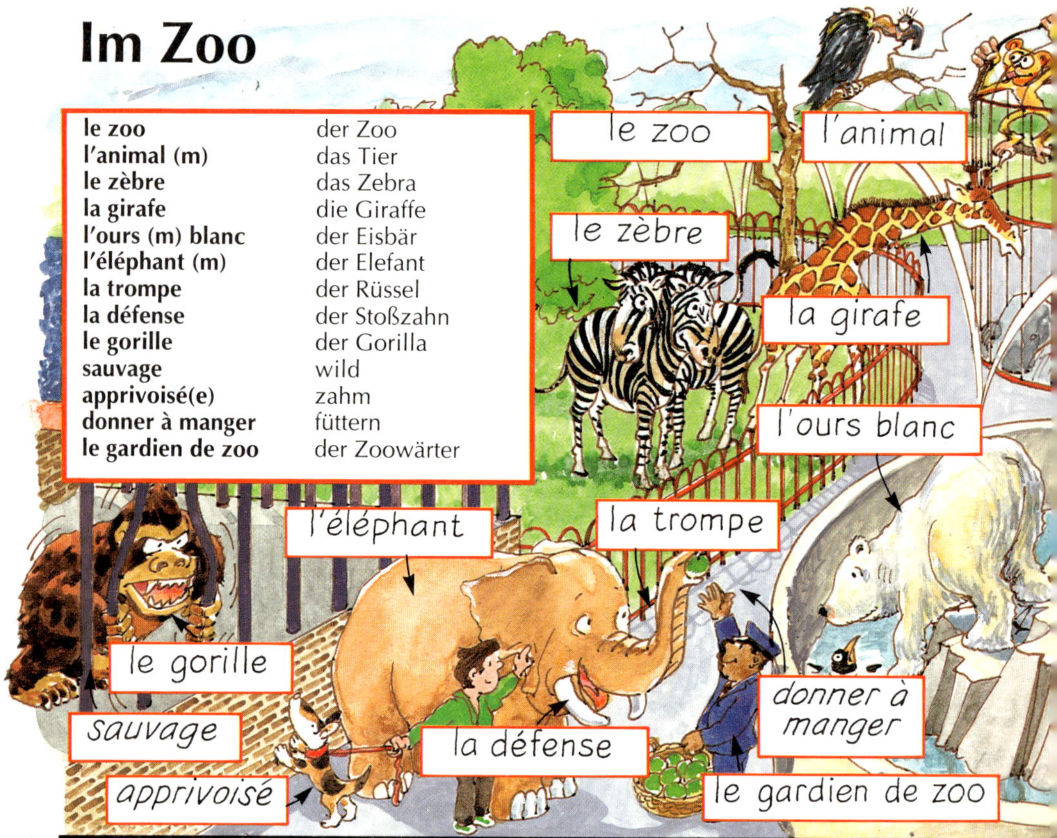

Im Park

le parc	der Park
le bassin	das (Wasser-) Becken
le canot à rames	das Ruderboot
ramer	rudern
la rame	das Ruder
le pique-nique	das Picknick
le banc	die Bank
se reposer	sich ausruhen

le singe	der Affe
le kangourou	das Känguruh
l'autruche (w)	der Strauß
le chameau	das Kamel
la bosse	der Höcker
l'aigle (m)	der Adler
le pingouin	der Pinguin
l'hippotame (m)	das Flußpferd
la cage	der Käfig
le lion	der Löwe
mugir	brüllen
le tigre	der Tiger
le serpent	die Schlange

le gardien	der (Park-) Wächter
la balançoire	die Schaukel
surveiller	überwachen, beaufsichtigen
grimper	klettern
creuser	graben
le toboggan	die Rutschbahn
le manège	das Karussell
s'accrocher	sich anhängen

In der Stadt

la grande ville	die Großstadt
la banlieue	das Vorortgebiet
la ville	die Stadt
la cathédrale	die Kathedrale
le fleuve	der Fluß
le pont	die Brücke
le gratte-ciel	der Wolkenkratzer
le quartier	das Stadtviertel
le bâtiment	das Gebäude
l'église (w)	die Kirche
le cimetière	der Friedhof

la caserne de pompiers	die Feuerwehrwache
la pompe à incendie	das Feuerwehrauto
l'usine (w)	die Fabrik
l'hôtel (m) de ville	das Rathaus
les bureaux (m)	die Büros
le commissariat de police	das Polizeirevier
la voiture de police	das Polizeiauto
la bibliothèque	die Bibliothek

le centre-ville	die Stadtmitte
la rue	die Straße
étroit(e)	eng, schmal
large	weit, breit
le coin	die Ecke
traverser la rue	die Straße überqueren
le passage clouté	der Fußgängerübergang
le piéton	der Fußgänger
la place	der Platz
la statue	die Statue
le réverbère	die Straßenlaterne
la place du marché	der Marktplatz
le passage souterrain	die Unterführung

le kiosque	der Zeitungsstand
le pigeon	die Taube
la foule	die Menge
affairé(e)	geschäftig
la boîte à ordures	der Abfalleimer
le trottoir	der Bürgersteig
se dépêcher	sich beeilen
l'affiche (w)	das Plakat

Einkaufen

faire une liste	eine (Einkaufs-) Liste machen
le sac à provisions	die Einkaufstasche

les magasins (m)	die Geschäfte	**la poissonerie**	das Fischgeschäft
faire les courses	einkaufen gehen	**la pharmacie**	die Apotheke
la boucherie	die Metzgerei	**la librairie**	die Buchhandlung
la charcuterie	das Wurstgeschäft	**la mercerie**	das Kurzwarengeschäft
l'épicerie (w)	das Lebensmittelgeschäft	**le fleuriste**	der Blumenhändler
		le coiffeur	der Friseur
la boulangerie	die Bäckerei	**le marchand de disques**	der Plattenhändler
la pâtisserie	die Konditorei		
		la boutique	die Boutique

faire le marché	auf dem Markt einkaufen
l'étalage (m)	der Marktstand
faire la queue	Schlange stehen

Combien je vous dois?	Wieviel schulde ich Ihnen?
Ça fait ...	Das/Es macht ...
peser	wiegen
Un kilo de ...	Ein Kilo ...
Une livre de ...	Ein Pfund ...

aller au supermarché	zum Supermarkt gehen
le panier	der (Einkaufs-) Korb
le chariot	der (Einkaufs-) Wagen
le haut-parleur	der Lautsprecher
le comptoir	die Theke
l'allée (w)	der Gang
la boîte	die Dose
le paquet	die Packung
la bouteille	die Flasche
l'entrée (w)	der Eingang
la sortie	der Ausgang
la caisse	die Kasse
le sac	die (Trage-) Tasche
la caissière	die Kassiererin

Einkaufen

faire du lèche-vitrines	einen Schaufensterbummel machen	**une bonne affaire**	ein Gelegenheitskauf
la vitrine	das Schaufenster	**la cliente**	die Kundin
C'est bon marché.	Das ist preiswert.	**acheter**	kaufen
C'est cher.	Das ist teuer.	**la vendeuse**	die Verkäuferin
SOLDE	AUSVERKAUF	**vendre**	verkaufen

dépenser de l'argent	Geld ausgeben	**Vous désirez?**	Sie wünschen?
le prix	der Preis	**Je voudrais ...**	Ich hätte gerne ...
le reçu	die Quittung	**C' est quelle taille?**	Welche Größe ist das?
petit(e)	klein		
moyen(ne)	mittel	**Combien coûte ...?**	Wieviel kostet ...?
grand(e)	groß	**Ça coûte ...**	Das/Es kostet ...

la librairie-papeterie	die Buch- und Schreibwarenhandlung	**la carte postale**	die Postkarte
le livre	das Buch	**le stylo-bille (M: les stylos-bille)**	der Kugelschreiber
le livre de poche	das Taschenbuch	**le crayon**	der Bleistift
l'enveloppe (w)	der (Brief-) Umschlag	**le papier à lettres**	das Briefpapier

le grand magasin	das Kaufhaus	**Jouets (m/M)**	Spielwaren
le rayon	die Abteilung	**Ameublement (m)**	Möbel
l' escalier (m) roulant	die Rolltreppe	**Equipement de sport (m)**	Sportausrüstung
l'ascenseur (m)	der Aufzug	**Vêtements (m/M)**	Kleidung

Post und Bank

la poste	die Post (Postamt)	**le télégramme**	das Telegramm
la boîte aux lettres	der Briefkasten	**la fiche**	das Formular
mettre à la poste	zur Post bringen	**le timbre**	die Briefmarke
la lettre	der Brief	**par avion**	per Luftpost
le colis	das Paket	**l'adresse (w)**	die Adresse
heures (w/M) de levée	die Entleerungszeiten	**le code postal**	die Postleitzahl
envoyer	schicken		

le facteur	der Briefträger
le courrier	die Post
distribuer	verteilen, zustellen

la banque	die Bank	**la carte de crédit**	die Kreditkarte
l'argent (m)	das Geld	**mettre de l'argent en banque**	Geld einzahlen
changer de l'argent	Geld wechseln	**retirer de l'argent**	Geld abheben
le cours du change	der Wechselkurs	**le carnet de chèques**	das Scheckheft
le directeur de banque	der Bankdirektor	**faire une chèque**	einen Scheck ausstellen
le caissier	der Kassierer	**le portefeuille**	die Brieftasche
Avez-vous de la petite monnaie?	Haben Sie Klein-geld?	**le portemonnaie**	der Geldbeutel
la pièce de monnaie	die Münze	**le sac à main**	die Handtasche
le billet	der Geldschein		

Telefonieren

téléphoner	anrufen, telefonieren	**répondre au téléphone**	einen Telefonanruf beantworten
le téléphone	das Telefon	**Allô ...**	Hallo ...
le récepteur	der Hörer	**Qui est à l'appareil?**	Wer ist am Apparat?
décrocher	abnehmen	**C'est Jeanne.**	Hier ist Jeanne.
composer le numéro	die Nummer wählen	**Je te rappellerai.**	Ich rufe dich zurück.
le numéro de téléphone	die Telefonnummer	**Au revoir!**	Auf Wiederhören!
l'indicatif (m)	die Vorwahl	**raccrocher**	auflegen
l'annuaire (m)	das Telefonbuch		
sonner	klingeln, läuten		

la cabine téléphonique	die Telefonzelle
la catastrophe	der Notfall
appeler police secours	die Polizei rufen

Briefe

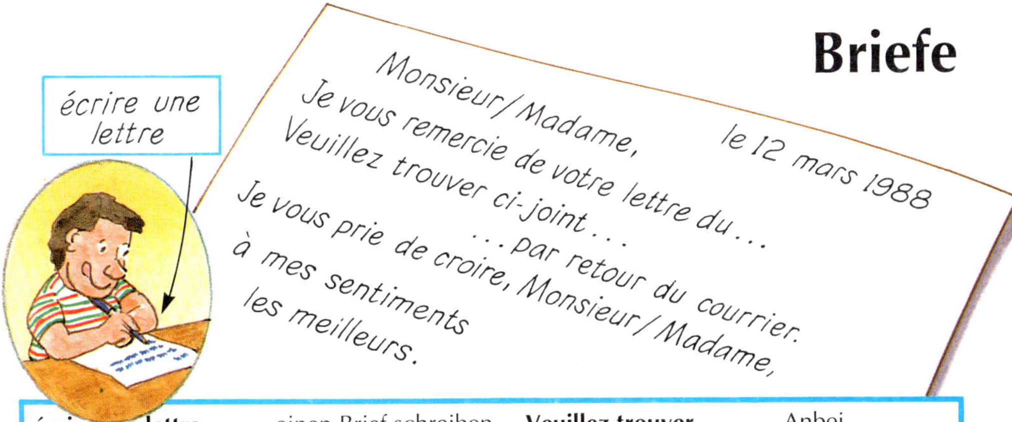

écrire une lettre	einen Brief schreiben	**Veuillez trouver ci-joint ...**	Anbei finden Sie ...
Monsieur/ Madame,	Sehr geehrter Herr, Sehr geehrte Frau,	**Je vous prie de croire, Monsieur/ Madame, à mes sentiments les meilleurs.**	Mit freundlichen Grüßen ...
Je vous remercie de votre lettre du ...	Ich danke Ihnen für Ihren Brief vom ...		
par retour du courrier	postwendend		

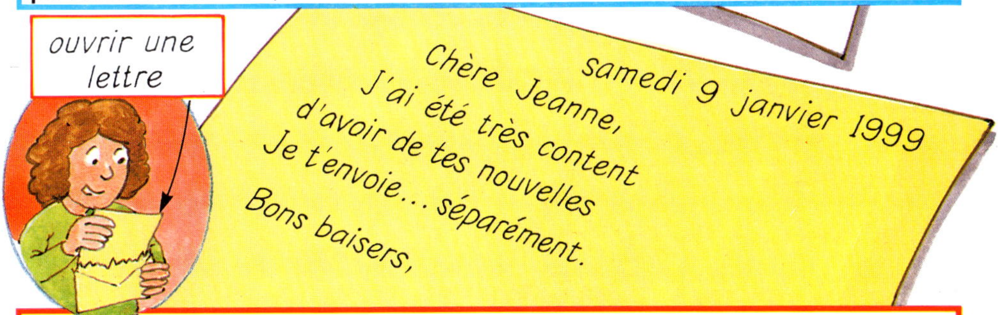

ouvrir une lettre	einen Brief öffnen	**J'ai été très content(e) d'avoir de tes nouvelles.**	Ich habe mich sehr gefreut, von Dir zu hören.
Chère Jeanne,	Liebe Jeanne,	**Bons baisers,**	Grüße und Küsse ...
Je t'envoie ... séparément	Ich schicke Dir ... mit getrennter Post		

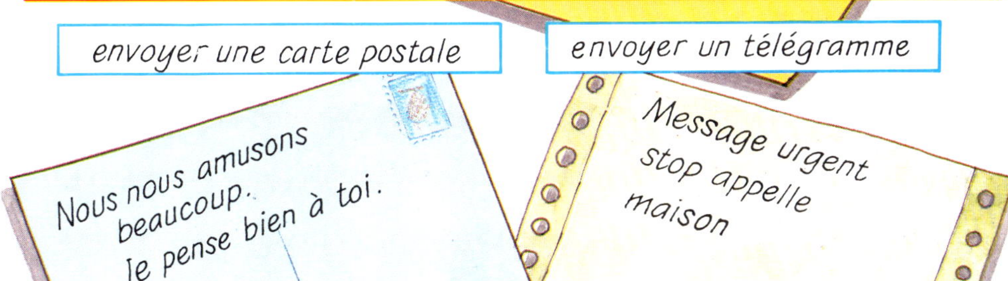

envoyer une carte postale	eine Postkarte schicken	**envoyer un télégramme**	ein Telegramm schicken
Nous nous amusons beaucoup.	Wir unterhalten uns sehr gut.	**Message urgent stop appelle maison**	Dringende Mitteilung stop zu Hause anrufen
Je pense bien à toi.	Ich denke oft an Dich.		

Unterwegs

aller à pied	zu Fuß gehen	**la carte**	die Landkarte
courir	laufen	**le poteau indicateur**	der Wegweiser
la poussette	der (Kinder-) Sportwagen	**Est-ce que ... est loin d'ici?**	Ist ... weit von hier entfernt?
Pour aller à ...?	Wie kommt man ...?		
demander le chemin	nach dem Weg fragen		

prendre l'autobus	den Bus nehmen	**l'autobus (m)**	der Bus
le passager	der Fahrgast	**l'arrêt (m) d'autobus**	die Bushaltestelle
descendre de	aussteigen	**la station de métro**	die U-Bahnstation
monter dans	einsteigen	**le métro**	die U-Bahn
le billet	der Fahrschein		

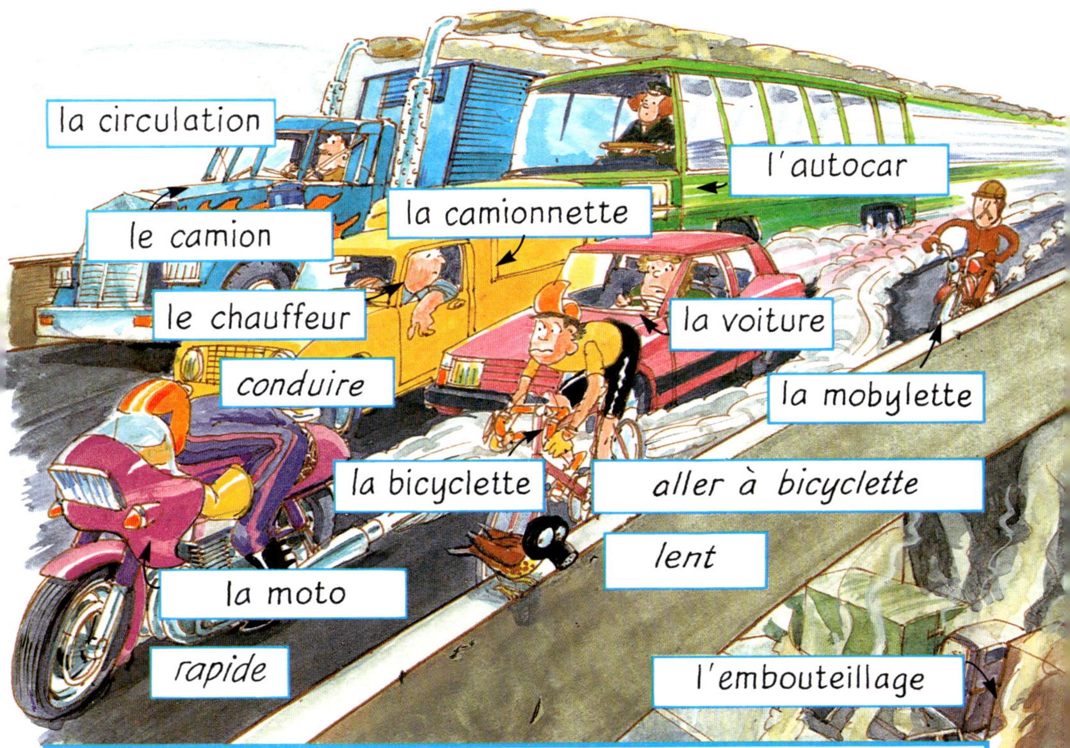

la circulation	der Verkehr	**la mobylette**	das Mofa
le camion	der Lastwagen	**la bicyclette**	das Fahrrad
la camionnette	der Lieferwagen	**aller à bicyclette**	Fahrrad fahren
l'autocar (m)	der Reisebus	**lent(e)**	langsam
le chauffeur	der Fahrer	**rapide**	schnell
conduire	fahren	**la moto**	das Motorrad
la voiture	das Auto	**l'embouteillage (m)**	der Verkehrsstau

la station de taxis	der Taxistand
le taxi	das Taxi
appeler un taxi	ein Taxi rufen
le prix de la course	der Fahrpreis

Auto fahren

démarrer	anfahren
accélérer	beschleunigen
doubler	überholen
ralentir	verlangsamen
l'autoroute (w)	die Autobahn
les feux (m)	die Verkehrsampel
la route	die Landstraße
tourner à gauche	links abbiegen
tourner à droite	rechts abbiegen
aller tout droit	geradeaus fahren
sens unique	Einbahnstraße
sens interdit	Einfahrt verboten

Stationnement interdit!	Parken verboten!	**garer la voiture**	parken
		en arrière	rückwärts
le parking	der Parkplatz	**en avant**	vorwärts

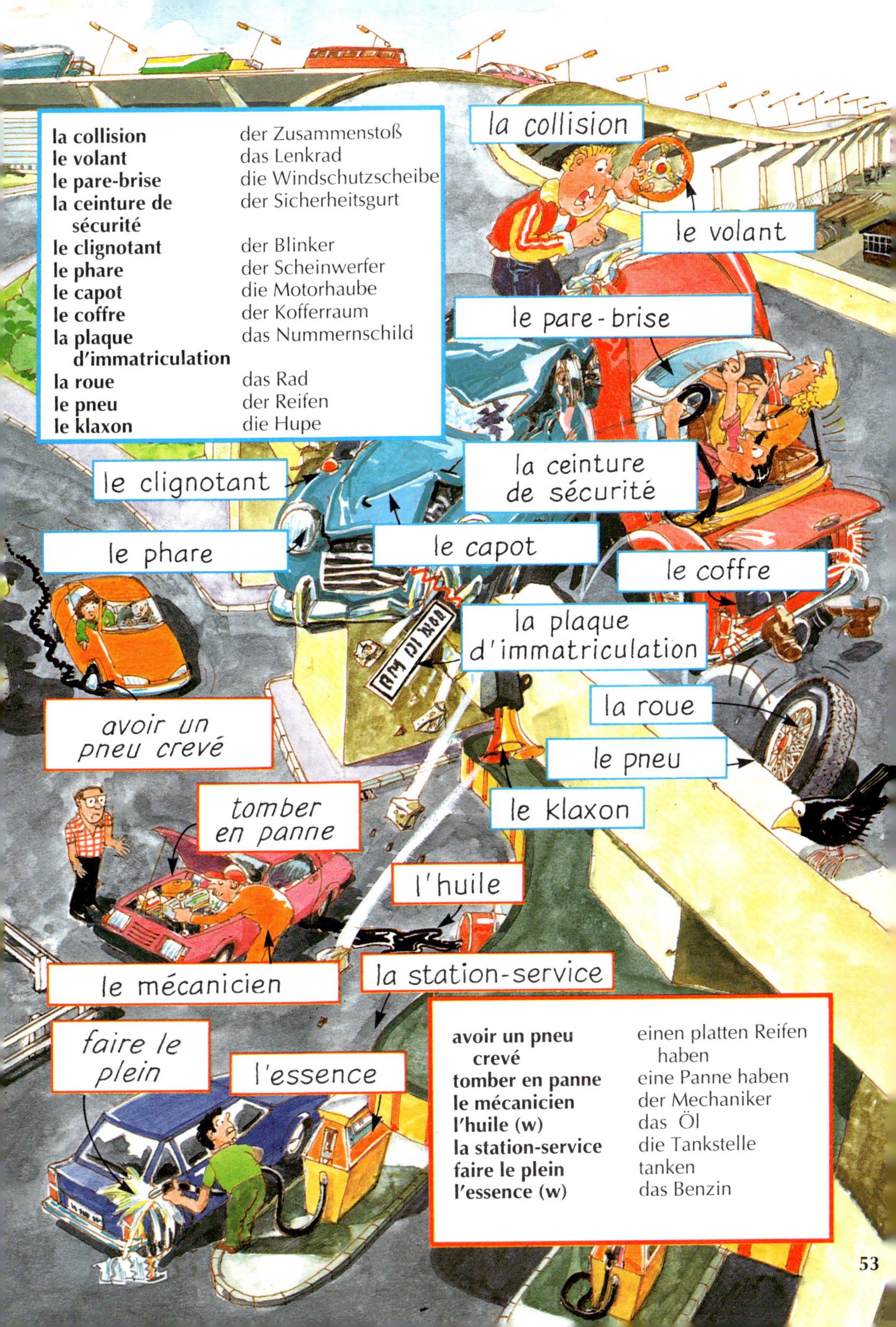

la collision	der Zusammenstoß
le volant	das Lenkrad
le pare-brise	die Windschutzscheibe
la ceinture de sécurité	der Sicherheitsgurt
le clignotant	der Blinker
le phare	der Scheinwerfer
le capot	die Motorhaube
le coffre	der Kofferraum
la plaque d'immatriculation	das Nummernschild
la roue	das Rad
le pneu	der Reifen
le klaxon	die Hupe

avoir un pneu crevé	einen platten Reifen haben
tomber en panne	eine Panne haben
le mécanicien	der Mechaniker
l'huile (w)	das Öl
la station-service	die Tankstelle
faire le plein	tanken
l'essence (w)	das Benzin

Eisenbahn fahren

la gare	der Bahnhof	**le train en provenance de ...**	der Zug aus ...
le porteur	der Gepäckträger	**le guichet**	der Fahrkartenschalter
la consigne	die Gepäckaufbewahrung	**le billet**	die Fahrkarte
le contrôleur	der Kontrolleur	**le billet aller retour**	die Rückfahrkarte
la salle d' attente	der Wartesaal	**la carte d'abonnement**	die Monatskarte
la barrière	die Sperre	**le distributeur automatique**	der Fahrkartenautomat
le voyageur	der Reisende	**le ticket de quai**	die Bahnsteigkarte
l'horaire (w)	der Fahrplan	**réserver une place**	einen Sitzplatz reservieren
le train à destination de ...	der Zug nach		

le chemin de fer	die Eisenbahn	**le wagon**	der Waggon
le train	der Zug	**prendre le train**	den Zug erwischen
première classe	1. Klasse	**manquer le train**	den Zug verpassen
deuxième classe	2. Klasse	**la locomotive**	die Lokomotive
en retard	verspätet	**la voie**	das Gleis
à l'heure	pünktlich	**le quai**	der Bahnsteig
le wagon-lit	der Schlafwagen	**le chef de train**	der Zugführer
le wagon-restaurant	der Speisewagen		

le rapide	der Schnellzug
le train de marchandises	der Güterzug
la place	der Sitzplatz
la place réservée	der reservierte Platz
le filet	das Gepäcknetz
Non-fumeurs	Nichtraucher

Reisen mit Flugzeug und Schiff

l'aéroport (m)	der Flughafen
l'avion (m)	das Flugzeug
voler	fliegen
Arrivées (w/M)	Ankunft
la piste	die Start- und Landebahn
atterrir	landen
décoller	starten

la douane	der Zoll
le douanier	der Zöllner
rien à déclarer	nichts zu verzollen
le passeport	der Paß

le port	der Hafen
aller en bateau	mit dem Schiff fahren
la navire	das Schiff
le paquebot	das Passagierschiff
le drapeau	die Flagge
le hublot	das Bullauge
l'ancre (w)	der Anker
la cabine	die Kabine
le pont	das Deck, die Brücke
la cheminée	der Schornstein
le capitaine	der Kapitän
la passerelle	die Gangway

Départs (m/M)	Abflug	**l'hôtesse (w) de l'air**	die Stewardeß
le magasin hors-taxe	der Duty-free-Shop	**embarquer**	einsteigen
l'enregistrement (m)	das Einchecken	**la valise**	der Koffer
le billet d'avion	der Flugschein	**les bagages (m) à main**	das Handgepäck
l'étiquette (w)	der Gepäckanhänger	**Attachez vos ceintures!**	Bitte anschnallen!
le chariot	der Gepäckwagen		
le pilote	der Pilot		
l'équipage (m)	die Besatzung		

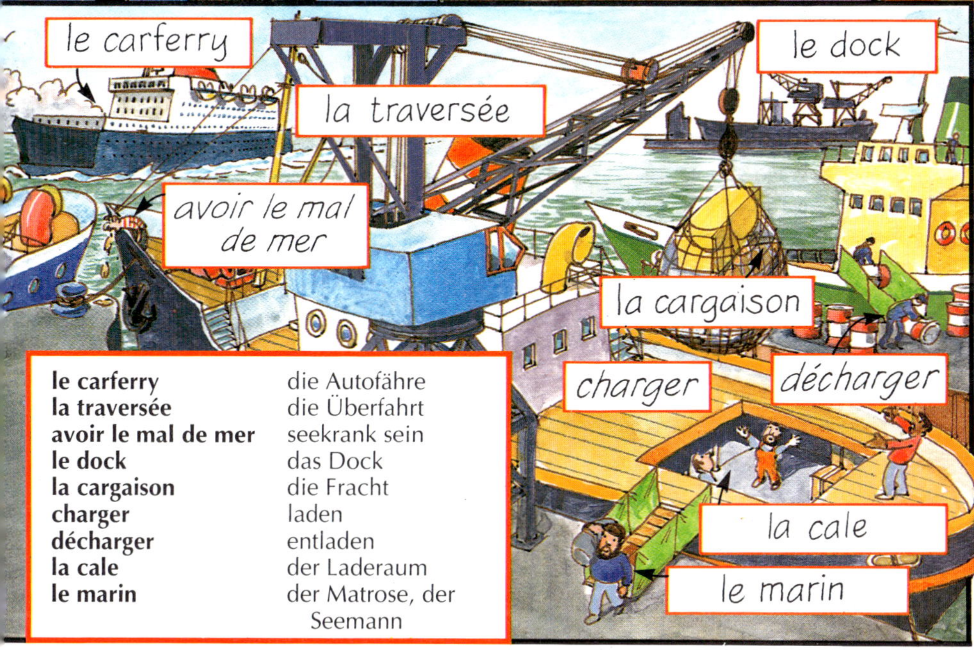

le carferry	die Autofähre
la traversée	die Überfahrt
avoir le mal de mer	seekrank sein
le dock	das Dock
la cargaison	die Fracht
charger	laden
décharger	entladen
la cale	der Laderaum
le marin	der Matrose, der Seemann

Ferien

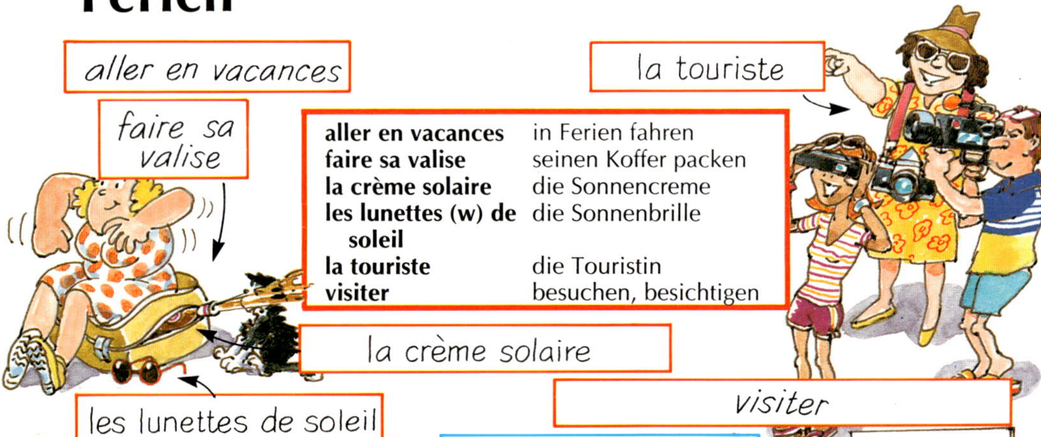

aller en vacances	in Ferien fahren
faire sa valise	seinen Koffer packen
la crème solaire	die Sonnencreme
les lunettes (w) de soleil	die Sonnenbrille
la touriste	die Touristin
visiter	besuchen, besichtigen

l'hôtel (m)	das Hotel	**une chambre à un lit**	das Einzelzimmer
rester à l'hôtel	in einem Hotel wohnen	**réserver une chambre**	ein Zimmer bestellen
la réception	der Empfang	**complet (complète)**	besetzt, voll
le porteur	der Träger	**avec salle de bain**	mit Bad
une chambre pour deux personnes	das Doppelzimmer	**avec balcon**	mit Balkon
		la pension	die Pension

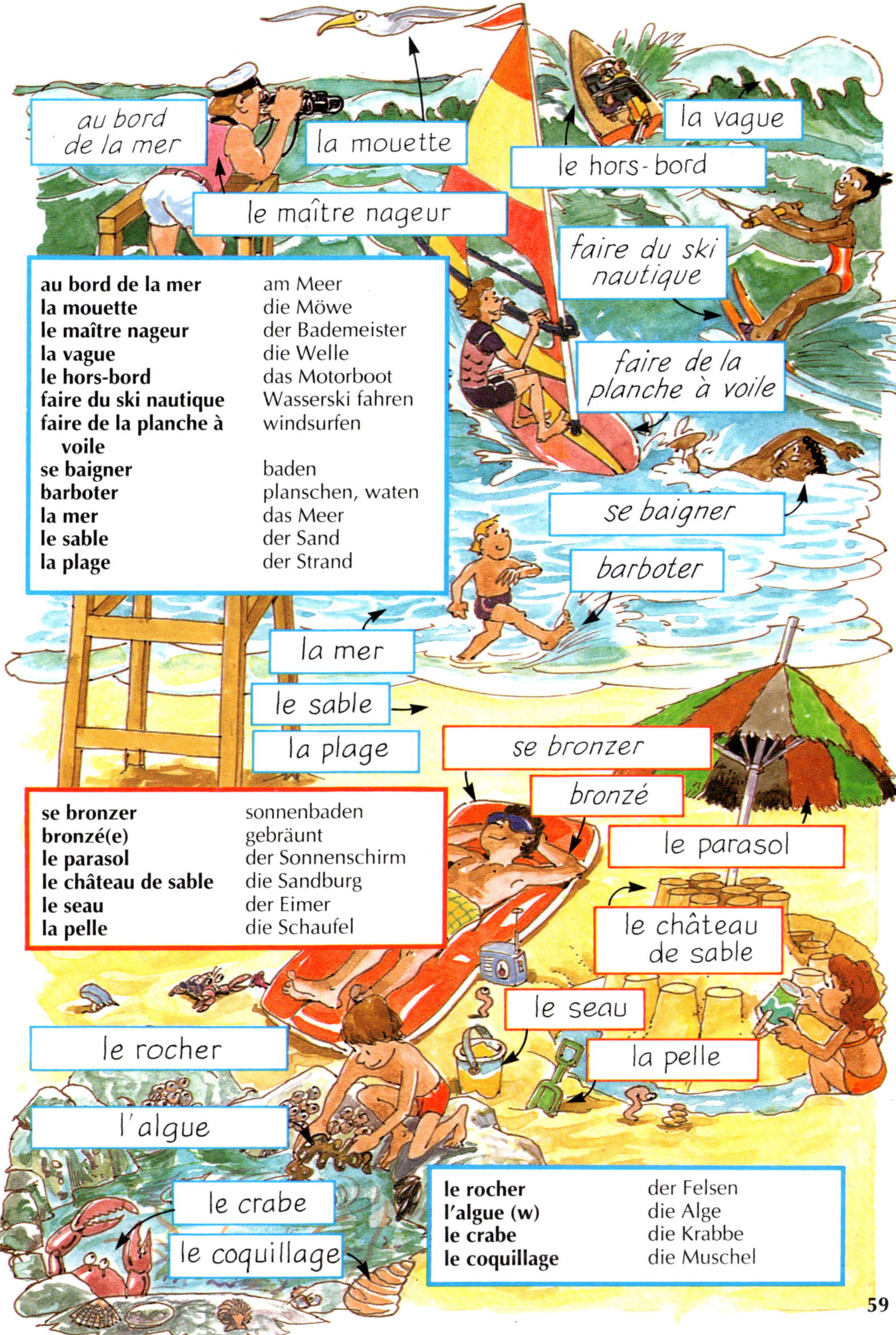

au bord de la mer	am Meer
la mouette	die Möwe
le maître nageur	der Bademeister
la vague	die Welle
le hors-bord	das Motorboot
faire du ski nautique	Wasserski fahren
faire de la planche à voile	windsurfen
se baigner	baden
barboter	planschen, waten
la mer	das Meer
le sable	der Sand
la plage	der Strand

se bronzer	sonnenbaden
bronzé(e)	gebräunt
le parasol	der Sonnenschirm
le château de sable	die Sandburg
le seau	der Eimer
la pelle	die Schaufel

le rocher	der Felsen
l'algue (w)	die Alge
le crabe	die Krabbe
le coquillage	die Muschel

Ferien

faire de l'alpinisme	bergsteigen
la montagne	der Berg
le sommet	der Gipfel
la vue	die (Aus-) Sicht
escarpé(e)	steil
escalader	besteigen
l'alpiniste (m/w)	der, die Bergsteiger(in)
le sac à dos	der Rucksack

faire du ski	skifahren
la station de ski	das Skigebiet
le télésiège	der Sessellift
le moniteur	der (Sport-) Lehrer
la piste	die Piste
la luge	der Schlitten
le bâton de ski	der Skistock
les chaussures (w) de ski	die Skischuhe
les skis (m)	die Skier

camper	zelten
le camping	der Campingplatz
la caravane	der Wohnwagen
la tente	das Zelt
dresser une tente	ein Zelt aufbauen
le réchaud	der Kocher
le sac de couchage	der Schlafsack

le lac	der See	**attraper un poisson**	einen Fisch fangen
le roseau	das Schilf	**le canoë**	das Kanu
aller à la pêche	angeln gehen	**chavirer**	kentern
la canne à pêche	die Angelrute	**flotter**	(auf dem Wasser) treiben
le bateau de pêche	das Fischerboot	**la libellule**	die Libelle
l'amorce (w)	der Köder	**le moustique**	die Mücke
le hameçon	der Angelhaken	**le canard**	die Ente
le filet	das Netz	**la grenouille**	der Frosch

Auf dem Land

le village	das Dorf
le paysage	die Landschaft
paisible	friedlich
la campagne	die ländliche Gegend
la chaumière	das kleine Landhaus
faire une promenade	spazierengehen

le sentier	der Weg, der Pfad
le ruisseau	der Bach
la prairie	die Wiese
le lapin	das Kaninchen
la taupe	der Maulwurf
grimper un arbre	auf einen Baum klettern
les fleurs (w) sauvages	die Wiesenblumen
cueillir des fleurs	Blumen pflücken
le bouquet de fleurs	ein Blumenstrauß
la marguerite	die Margerite
le coquelicot	der Klatschmohn

le bois	der Wald, das Holz
le chêne	die Eiche
le sapin	die Tanne
la feuille	das Blatt
la branche	der Zweig
le hibou	die Eule
la merle	die Amsel
l'écureuil (m)	das Eichhörnchen
la grive	die Drossel
le renard	der Fuchs
voler	fliegen
le moineau	der Spatz

la vallée	das Tal
la colline	der Hügel
le pont	die Brücke
la pente	der Abhang
le saule pleureur	die Trauerweide
la rive	das Ufer
la rivière	der Fluß
la mouche	die Fliege
l'araignée (w)	die Spinne
le moustique	die Mücke

Auf dem Bauernhof

la ferme	der Bauernhof	**l'échelle (w)**	die Leiter
l'étable (w)	der Kuhstall	**le rurale**	das Bauernhaus
l'écurie (w)	der Pferdestall	**la basse-cour**	der Hühnerhof
le cheval	das Pferd	**la poule**	die Henne
la grange	die Scheune	**le coq**	der Hahn
le foin	das Heu	**le poulailler**	der Hühnerstall
la vache	die Kuh	**pondre des oeufs**	Eier legen
traire les vaches	die Kühe melken	**la fermière**	die Bäuerin
le veau	das Kalb	**l'oie (w)**	die Gans
l'âne (m)	der Esel	**la chèvre**	die Ziege
le cochon	das Schwein		

le champ	das Feld
le troupeau	die Herde
le mouton	das Schaf
l'agneau (m)	das Lamm
le fermier	der Bauer
la barrière	das Gatter
le chien de berger	der Schäferhund

le vignoble	der Weinberg
la vigne	die Weinrebe
faire la moisson	ernten
la balle de paille	der Strohballen
le blé	das Getreide
semer	säen

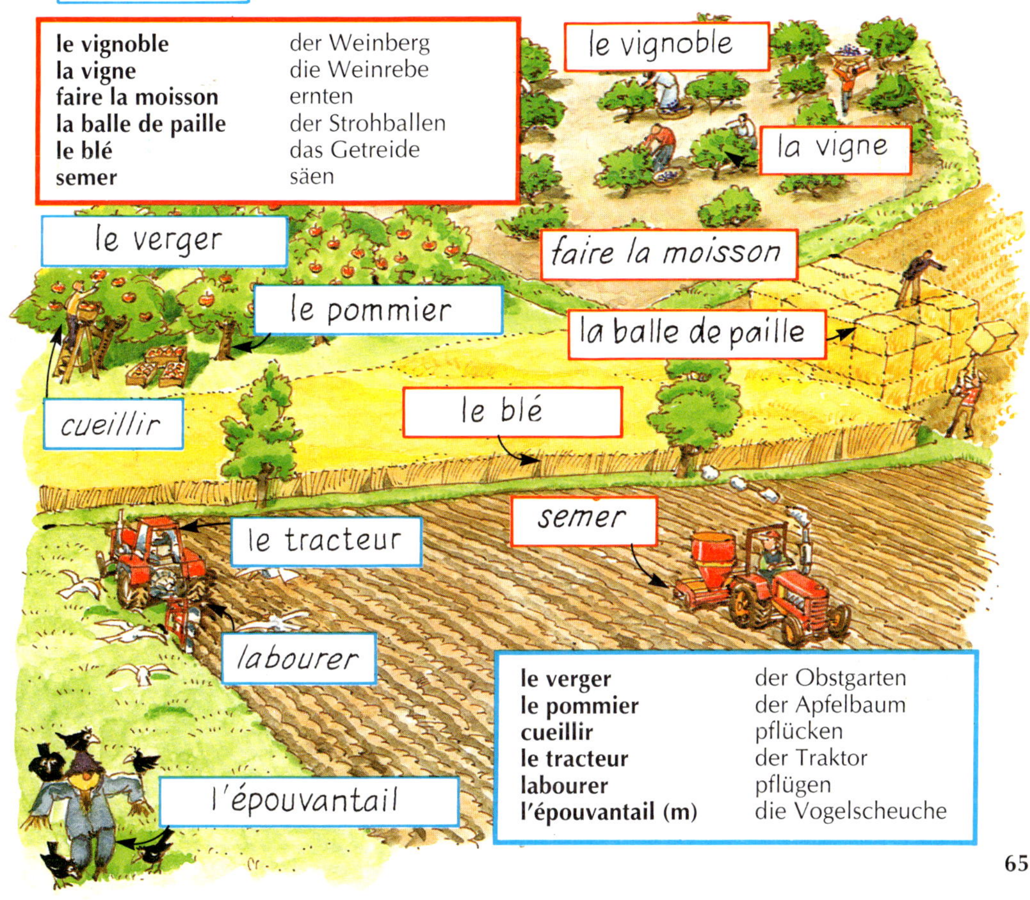

le verger	der Obstgarten
le pommier	der Apfelbaum
cueillir	pflücken
le tracteur	der Traktor
labourer	pflügen
l'épouvantail (m)	die Vogelscheuche

Bei der Arbeit

aller travailler	zur Arbeit gehen	**l'heure (w) du déjeuner**	die Mittagszeit
être en retard	zu spät dran sein	**les heures (w) supplémentaires**	die Überstunden
arriver à l'heure	pünktlich kommen		

le bureau	das Büro	**travailleur(euse)**	fleißig
la patronne	die Chefin	**paresseux(euse)**	faul
la secrétaire	die Sekretärin	**prendre sa retraite**	in Rente gehen
engager quelqu'un	jemanden einstellen	**renvoyer quelqu'un**	jemanden entlassen
l'employé (m)	der Angestellte		

le métier	der Beruf
le maçon	der Maurer
le plombier	der Klempner
l'architecte (m)	der Architekt

le juge	der Richter
l'avocate	die Rechtsanwältin
la journaliste	die Journalistin
l'agent (m) de police	der Polizist

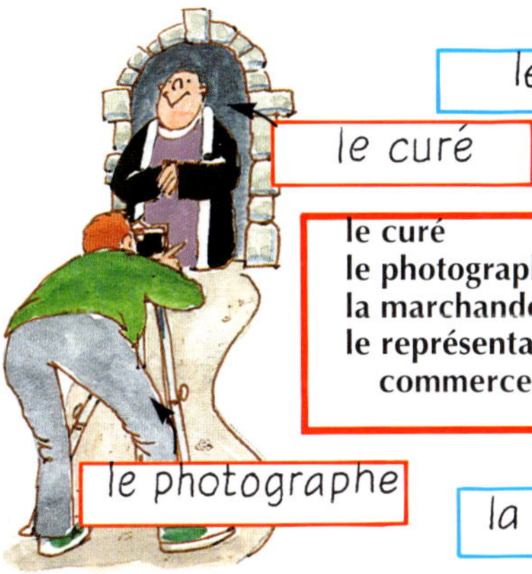

le curé	der Pfarrer
le photographe	der Fotograf
la marchande	die Händlerin
le représentant de commerce	der Handelsvertreter

le marin	der Seemann, der Matrose
le soldat	der Soldat
la dessinatrice	die Zeichnerin
le coiffeur	der Friseur
le mannequin	das Fotomodell

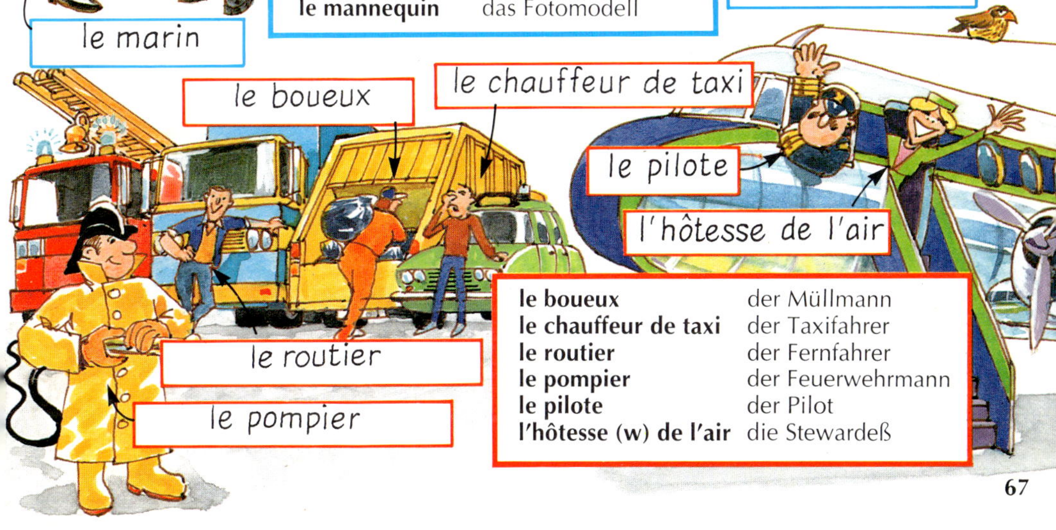

le boueux	der Müllmann
le chauffeur de taxi	der Taxifahrer
le routier	der Fernfahrer
le pompier	der Feuerwehrmann
le pilote	der Pilot
l'hôtesse (w) de l'air	die Stewardeß

Krankheit und Gesundheit

se sentir malade	sich krank fühlen	**le médecin**	der Arzt
prendre la température	Fieber messen	**l'ordonnance (w)**	das Rezept
le thermomètre	das Thermometer	**guérir**	heilen
avoir de la fièvre	Fieber haben	**le comprimé**	die Tablette
		se sentir mieux	sich besser fühlen
		en bonne santé	gesund

être enrhumé(e)	erkältet sein
éternuer	niesen
s'évanouir	in Ohnmacht fallen
avoir mal au ventre	Magenschmerzen haben
vomir	sich übergeben
avoir mal à la tête	Kopfschmerzen haben

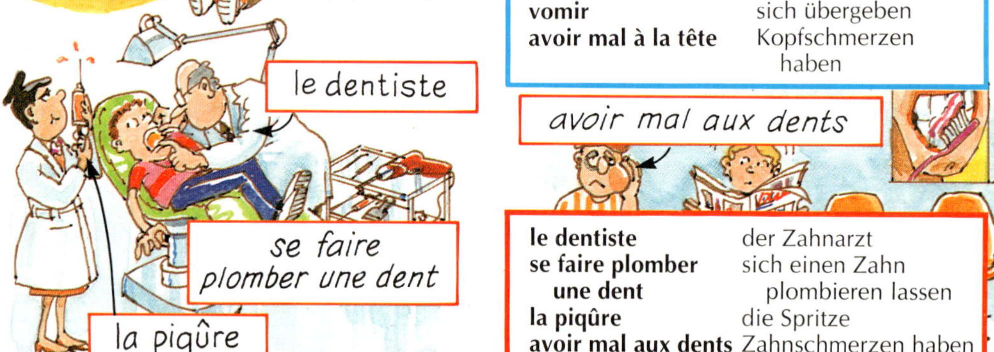

le dentiste	der Zahnarzt
se faire plomber une dent	sich einen Zahn plombieren lassen
la piqûre	die Spritze
avoir mal aux dents	Zahnschmerzen haben

l'hôpital (m)	das Krankenhaus	**la brûlure**	die Verbrennung
le service des urgences	die Notfallstation	**se fouler le poignet**	sich das Handgelenk verstauchen
se casser la jambe	sich das Bein brechen	**le sparadrap**	das Heftpflaster
le bleu	der blaue Fleck	**le bandage**	die Binde
la blessure	die Wunde		

l'ambulance (w)	der Krankenwagen
prendre le pouls	den Puls messen
le brancard	die Krankentrage
le blessé	der Verletzte

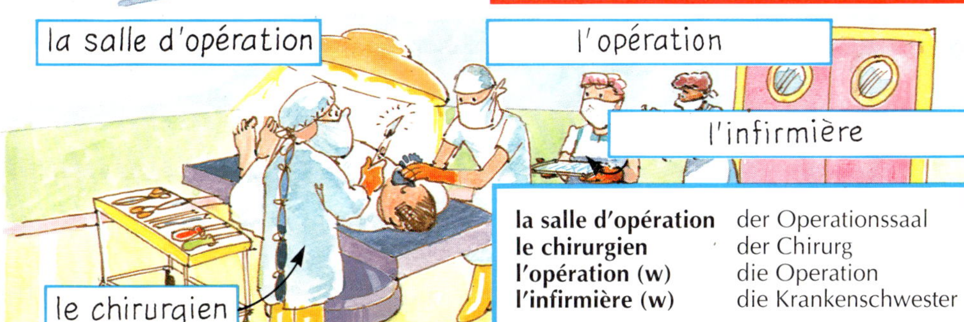

la salle d'opération	der Operationssaal
le chirurgien	der Chirurg
l'opération (w)	die Operation
l'infirmière (w)	die Krankenschwester

Schule und Ausbildung

l'école (w) maternelle	der Kindergarten	**le lycée**	das Gymnasium
l'école primaire	die Grundschule	**la directrice**	die Direktorin
le directeur	der Rektor	**l'université (w)**	die Universität

au lycée	im Gymnasium	**facile**	leicht, einfach
la salle de classe	das Klassenzimmer	**difficile**	schwierig
la carte	die Landkarte	**le tableau noir**	die Tafel
le cours	der Unterricht	**la craie**	die Kreide
le professeur	der Lehrer	**lire**	lesen
enseigner	unterrichten, lehren	**écrire**	schreiben
l'élève (m/w)	der, die Schüler(in)	**poser une question**	eine Frage stellen
apprendre	lernen		

le cartable	dieSchultasche
le cahier	das Heft
la trousse	das Etui
le stylo	der Füller
le stylo-bille	der Kugelschreiber
le crayon	der Bleistift
la gomme	der Radiergummi
la règle	das Lineal

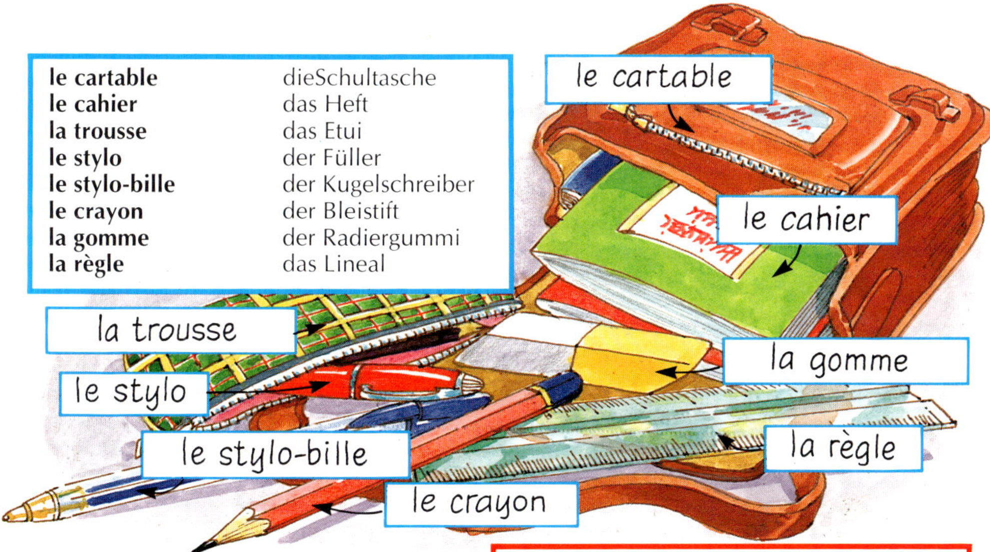

à la maternelle	im Kindergarten
le jouet	das Spielzeug
le crayon de couleur	der Farbstift
le livre illustré	das Bilderbuch
jouer	spielen

la cour de récréation	der Pausenhof
la récréation	die Pause
la cloche	die Glocke
le vestiaire	die Garderobe

Schule und Ausbildung

le trimestre	das Quartal	**les maths** (w)	Mathematik
la rentrée	der Schulbeginn	**la physique**	Physik
la fin de trimestre	das Schulende	**la chimie**	Chemie
l'emploi du temps (m)	der Stundenplan	**la biologie**	Biologie
la matière	das Fach	**l'histoire** (w)	Geschichte
l'espagnol (m)	Spanisch	**la géographie**	Geografie
le français	Französisch	**la musique**	Musik
l'anglais (m)	Englisch	**l'informatique** (w)	Informatik
l'allemand (m)	Deutsch	**la gymnastique**	Turnen

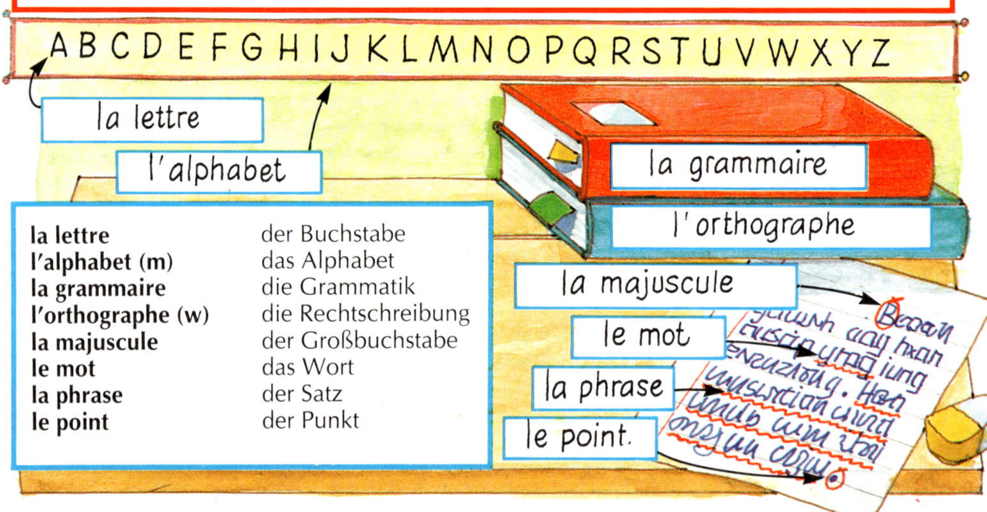

la lettre	der Buchstabe
l'alphabet (m)	das Alphabet
la grammaire	die Grammatik
l'orthographe (w)	die Rechtschreibung
la majuscule	der Großbuchstabe
le mot	das Wort
la phrase	der Satz
le point	der Punkt

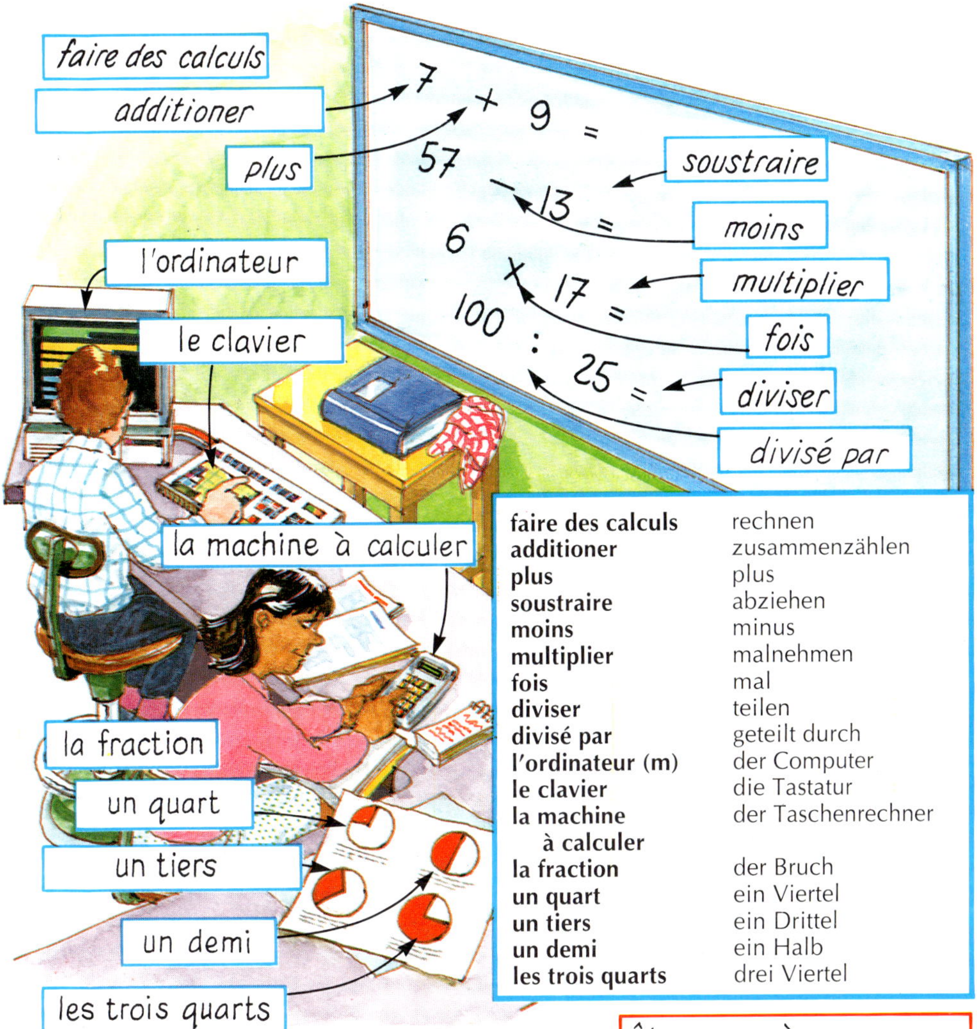

faire des calculs	rechnen
additioner	zusammenzählen
plus	plus
soustraire	abziehen
moins	minus
multiplier	malnehmen
fois	mal
diviser	teilen
divisé par	geteilt durch
l'ordinateur (m)	der Computer
le clavier	die Tastatur
la machine à calculer	der Taschenrechner
la fraction	der Bruch
un quart	ein Viertel
un tiers	ein Drittel
un demi	ein Halb
les trois quarts	drei Viertel

l'étudiante (w)	die Studentin	**Bonne chance!**	Viel Glück!
étudier	studieren	**être reçu(e) à un examen**	eine Prüfung bestehen
l'examen (m)	die Prüfung		
passer un examen	eine Prüfung machen	**rater un examen**	durch eine Prüfung fallen

Formen und Maße

la forme	die Form
le cercle	der Kreis
le carré	das Quadrat
le triangle	das Dreieck
le cône	der Kegel
le rectangle	das Rechteck

énorme	riesig
grand(e)	groß
petit(e)	klein
minuscule	winzig

la hauteur	die Höhe
mesurer	messen
le mètre	der Meter
le centimètre	der Zentimeter
la longueur	die Länge
la largeur	die Breite

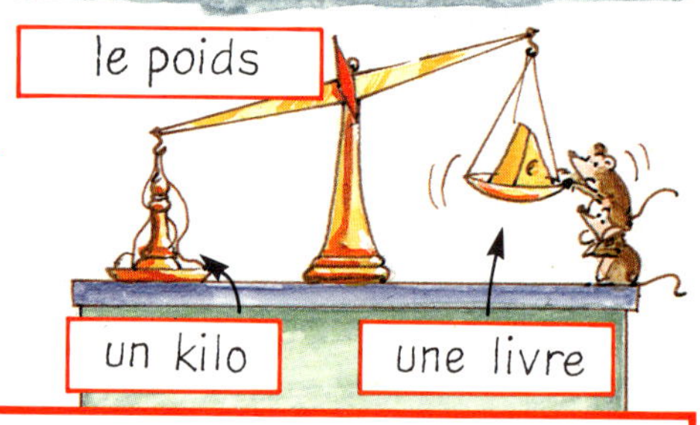

le volume	das Volumen	**le poids**	das Gewicht
un litre	der Liter	**un kilo**	ein Kilo
un demi-litre	ein halber Liter	**une livre**	ein Pfund

Zahlen

*1, 21, 31 usw. ändern im Französischen ihre Endungen vor einem weiblichen Substantiv, z.B. **trente et une filles** (einunddreißig Mädchen).

Sport

être en forme	in Form sein	**le bandeau**	das Stirnband
faire du keepfit	trainieren	**les tennis (m)**	die Tennisschuhe
faire du jogging	joggen	**le survêtement**	der Trainingsanzug

jouer au tennis	Tennis spielen	**le filet**	das Netz
le court de tennis	der Tennisplatz	**la balle**	der Ball
le joueur	der Spieler	**la raquette**	der Tennisschläger
servir	aufschlagen	**faire du golf**	Golf spielen
In.	Gut!	**le club de golf**	der Golfschläger
Out.	Aus!	**jouer au squash**	Squash spielen

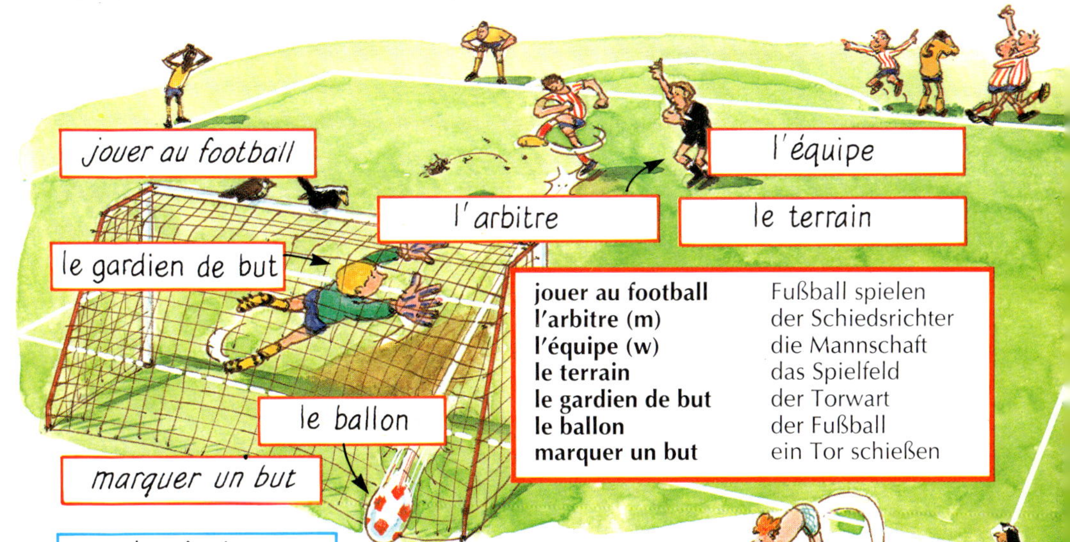

jouer au football	Fußball spielen
l'arbitre (m)	der Schiedsrichter
l'équipe (w)	die Mannschaft
le terrain	das Spielfeld
le gardien de but	der Torwart
le ballon	der Fußball
marquer un but	ein Tor schießen

la piscine	das Schwimm-becken	**nager la brasse**	brustschwimmen
nager	schwimmen	**nager le crawl**	kraulen
nager sur le dos	rückenschwimmen	**plonger**	springen, tauchen
		le plongeoir	das Sprungbrett

les courses (w) hippiques	das Pferderennen
les courses (w) d'auto	das Autorennen
la gymnastique	das Turnen
l'athlétisme (m)	die Leichtathletik

Feste und Feiertage

l'anniversaire (m)	der Geburtstag
la fête	das Fest
le ballon	der Ballon
Bon anniversaire.	Alles Gute zum Geburtstag!
inviter	einladen
bien s'amuser	sich gut unterhalten
le gâteau	der Kuchen
la bougie	die Kerze
la carte d'anniversaire	die Geburtstagskarte
le cadeau	das Geschenk
l'emballage (m)	die Verpackung

Pâques	Ostern
Noël	Weihnachten
la veille de Noël	der Heilige Abend
le jour de Noël	der Weihnachtsfeiertag
le sapin de Noël	der Weihnachtsbaum

se fiancer	sich verloben
les noces (w/M)	die Hochzeit
se marier	heiraten
le marié	der Bräutigam
la mariée	die Braut
l'invité	der Gast
féliciter	gratulieren
le bouquet	der Blumenstrauß
être heureux(euse)	glücklich sein
le voyage de noces	die Hochzeitsreise

Joyeux Noël.	Frohe Weihnachten!
le chant de Noël	das Weihnachtslied
offrir	(be-) schenken
recevoir	erhalten, bekommen
Merci beaucoup.	Vielen Dank!
remercier	danken

le Réveillon	Silvester
le jour de l'An	der Neujahrstag
célébrer	feiern
Bonne année.	Glückliches Neues Jahr!

Kalender - und Zeitbegriffe

le calendrier	der Kalender
le mois	der Monat
janvier	Januar
février	Februar
mars	März
avril	April
mai	Mai
juin	Juni
juillet	Juli
août	August
septembre	September
octobre	Oktober
novembre	November
décembre	Dezember
l'année (w)	das Jahr
le jour	der Tag
la semaine	die Woche
le week-end	das Wochenende
lundi (m)	Montag
mardi (m)	Dienstag
mercredi (m)	Mittwoch
jeudi (m)	Donnerstag
vendredi (m)	Freitag
samedi (m)	Samstag
dimanche (m)	Sonntag

l'agenda (m)	der Terminkalender
la date	das Datum
mardi, le deux juin ...	(am) Dienstag, den 2. Juni ...
le premier	der erste
le deux	der zweite
le trois	der dritte
le quatre	der vierte
le cinq	der fünfte

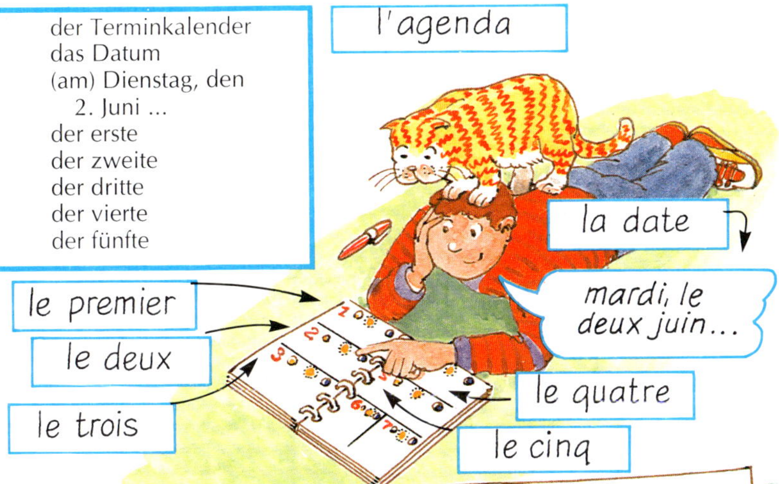

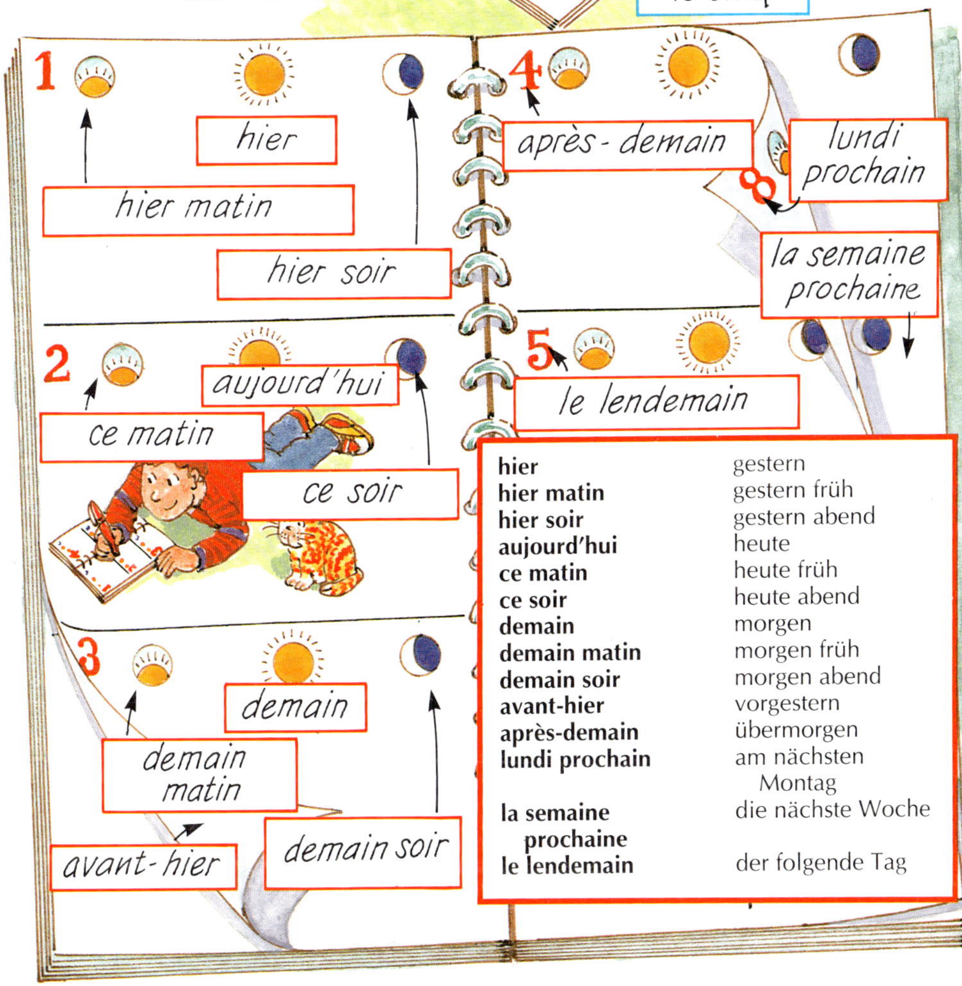

hier	gestern
hier matin	gestern früh
hier soir	gestern abend
aujourd'hui	heute
ce matin	heute früh
ce soir	heute abend
demain	morgen
demain matin	morgen früh
demain soir	morgen abend
avant-hier	vorgestern
après-demain	übermorgen
lundi prochain	am nächsten Montag
la semaine prochaine	die nächste Woche
le lendemain	der folgende Tag

Uhrzeit

l'aube (w)	das Morgengrauen	**le matin**	der Morgen, am Morgen
le lever du soleil	der Sonnenaufgang	**le soleil**	die Sonne
Il commence à faire jour.	Es wird Tag, es wird hell.	**le ciel**	der Himmel
le jour	der Tag, am Tag	**Il fait jour.**	Es ist hell, es ist Tag.

l'après-midi (m oder w)	der Nachmittag, am Nachmittag	**le coucher du soleil**	der Sonnenuntergang.
le soir	der Abend, am Abend	**la nuit**	die Nacht
		les étoiles (w)	die Sterne
		la lune	der Mond
La nuit tombe.	Es wird dunkel	**Il est nuit.**	Es ist Nacht.

Quelle heure est-il?	Wieviel Uhr ist es?	**minuit**	Mitternacht
l'heure (w)	die Stunde	**dix heures moins le quart**	Viertel vor 10
la minute	die Minute	**dix heures cinq**	fünf nach 10
la seconde	die Sekunde	**dix heures et quart**	Viertel nach 10
Il est une heure.	Es ist ein Uhr.	**dix heures et demie**	halb 11
Il est trois heures.	Es ist drei Uhr.	**huit heures du matin**	8 Uhr morgens
midi	Mittag	**huit heures du soir**	8 Uhr abends

le temps	die Zeit	**autrefois**	früher
le passé	die Vergangenheit	**à l'avenir**	in der Zukunft
l'avenir (m)	die Zukunft	**de nos jours**	jetzt, heutzutage
le présent	die Gegenwart		

Wetter und Jahreszeiten

la saison	die Jahreszeit
le printemps	der Frühling
l'été (w)	der Sommer
l'automne (m)	der Herbst
l'hiver (m)	der Winter

le temps	das Wetter
Il pleut.	Es regnet.
la pluie	der Regen
l'orage (m)	das Gewitter
le nuage	die Wolke
la foudre	der Blitz
le tonnerre	der Donner
le parapluie	der Regenschirm
l'arc-en-ciel (m)	der Regenbogen
les bottes (w) de caoutchouc	die Gummistiefel
trempé(e) jusqu'aux os	naß bis auf die Haut
la flaque d' eau	die Pfütze
la goutte de pluie	der Regentropfen
la grêle	der Hagel
l'inondation (w)	die Überflutung

le climat	das Klima
la météo	der Wetterbericht
Quel temps fait-il?	Wie ist das Wetter?

Il fait beau.	Es ist schön.
Le soleil brille.	Die Sonne scheint.
transpirer	schwitzen
J'ai chaud.	Mir ist heiß.

le vent	der Wind
Il fait du vent.	Es ist windig.
le brouillard	der Nebel
Il fait du brouillard.	Es ist neblig.

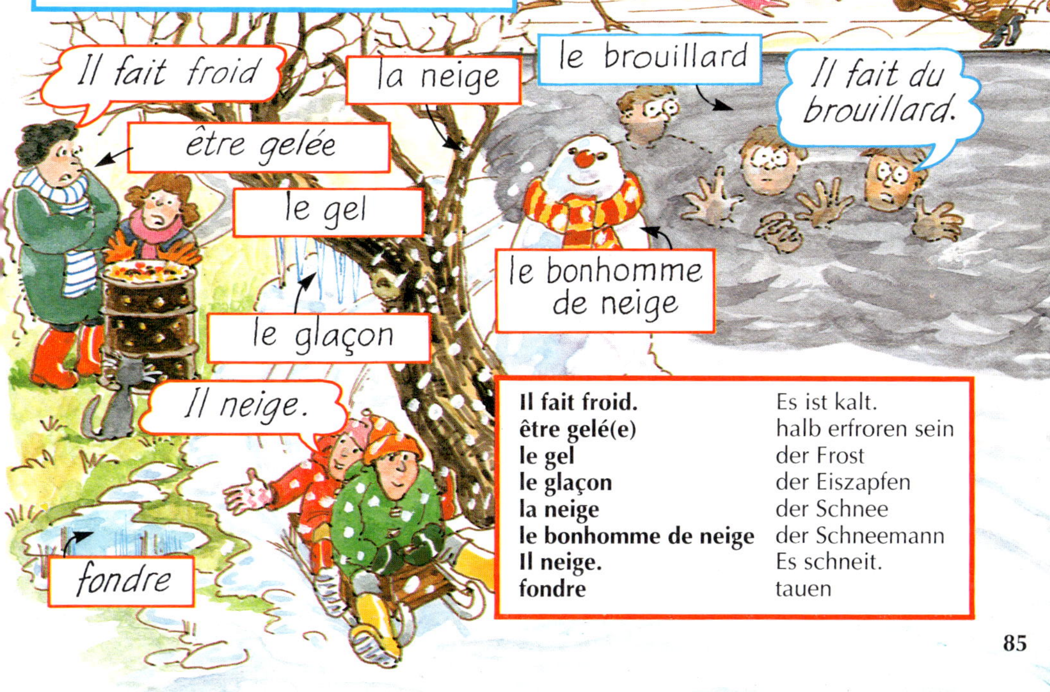

Il fait froid.	Es ist kalt.
être gelé(e)	halb erfroren sein
le gel	der Frost
le glaçon	der Eiszapfen
la neige	der Schnee
le bonhomme de neige	der Schneemann
Il neige.	Es schneit.
fondre	tauen

Erde und Weltraum

le monde	die Welt	**le nord**	der Norden
la terre	die Erde	**le pacifique**	der Pazifik
l'Atlantique (m)	der Atlantik	**l'est (m)**	der Osten
l'ouest (m)	der Westen	**l'Equateur (m)**	der Äquator
le désert	die Wüste	**le sud**	der Süden
la jungle	der Dschungel	**le Pôle Sud/Nord**	der Süd-, Nordpol

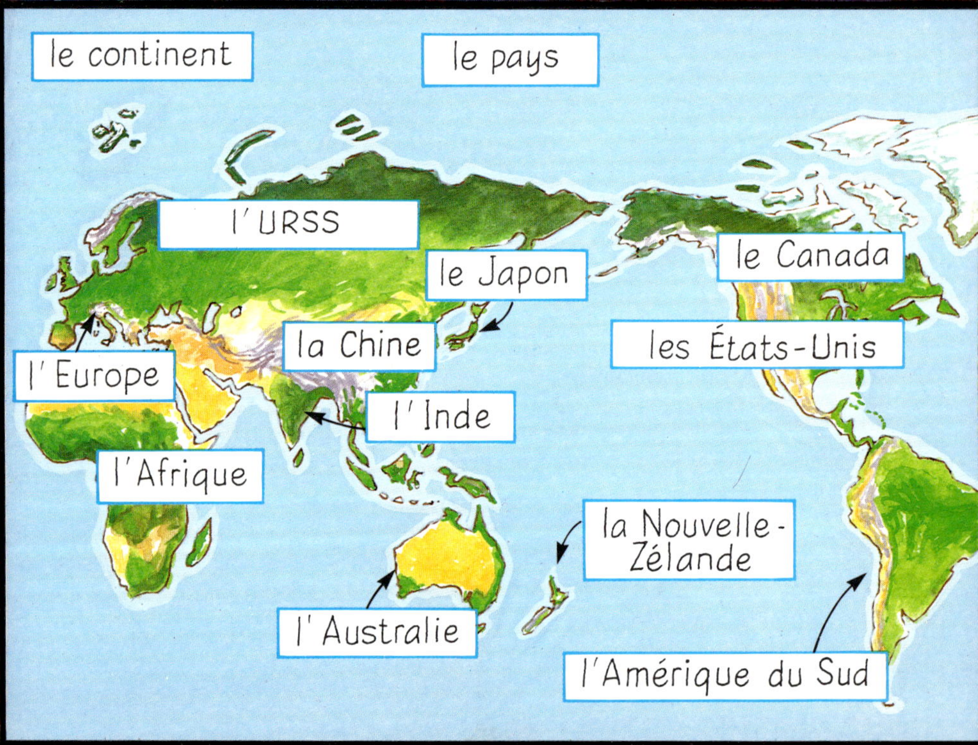

l'univers(m)	das Weltall
l'espace (m)	der Weltraum
la planète	der Planet
l'étoile (w)	der Stern
l'engin (m) spatial	das Raumschiff
la galaxie	die Milchstraße
le télescope	das Fernrohr

le continent	der Kontinent
le pays	das Land
l'URSS (w)	UdSSR
l'Europe (w)	Europa
l'Afrique (w)	Afrika
le Japon	Japan
la Chine	China
l'Inde (w)	Indien
l'Australie (w)	Australien
la Nouvelle-Zélande	Neuseeland
le Canada	Kanada
les Etats-Unis (m)	Verein. Staaten
l'Amérique (w) du Sud	Südamerika

la Scandinavie	Skandinavien
la Grande-Bretagne	Großbritannien
les Pays-Bas (m/M)	Niederlande
la Belgique	Belgien
l'Allemagne (w)	Deutschland
l'Autriche (w)	Österreich
la France	Frankreich
la Suisse	Schweiz
l'Italie (w)	Italien
l'Espagne (w)	Spanien

Staat und Gesellschaft

le président	der Präsident
le parlement	das Parlament
le député	der Abgeordnete
le premier ministre	der Ministerpräsident
le gouvernement	die Regierung

le parti	die Partei
le chef	der/die Vorsitzende (m/f)
populaire	beliebt
le membre	das Mitglied

l'élection (w)	die Wahl	**le centre**	die Mitte
voter	wählen	**la droite**	die Rechte
gagner	gewinnen	**s'inscrire à**	sich einschreiben
perdre	verlieren	**être membre de**	Mitglied sein
la gauche	die Linke		

les medias (m)	die Medien
interviewer	interviewen
important(e)	wichtig
intéressant(e)	interessant
le journal	die Zeitung
les informations (w)	die Nachrichten
le gros titre	die Überschrift
l'article (m)	der Artikel
vrai(e)	wahr
faux (fausse)	falsch

la politique	die Politik	**les impôts (m)**	die Steuern
la société	die Gesellschaft	**le syndicat**	die Gewerkschaft
démocratique	demokratisch	**le chômage**	die Arbeitslosigkeit
le salaire	der Lohn		

Eigenschaften

bruyant(e)	laut, lärmend
calme	ruhig
obéissant(e)	gehorsam
méchant(e)	unartig
pareil(le)	gleich, ähnlich
différent(e)	unterschiedlich

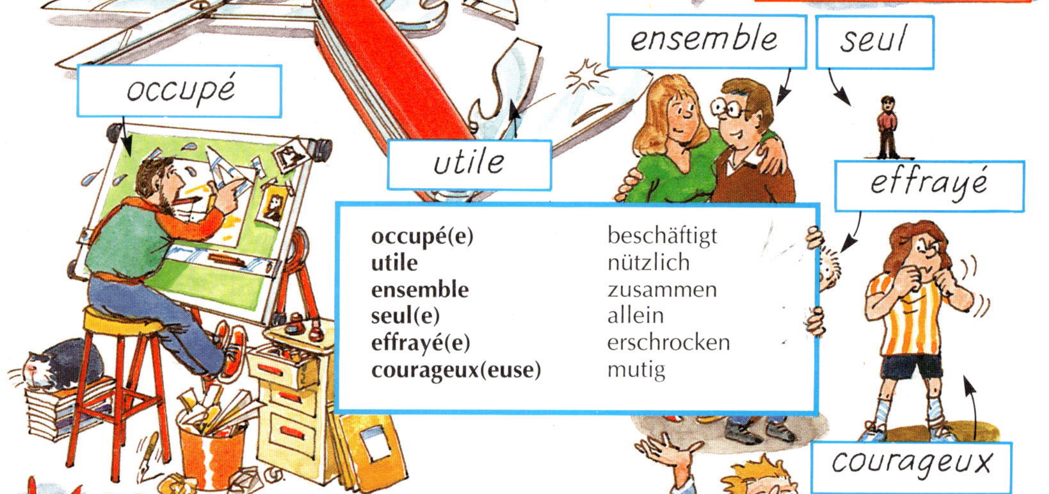

occupé(e)	beschäftigt
utile	nützlich
ensemble	zusammen
seul(e)	allein
effrayé(e)	erschrocken
courageux(euse)	mutig

négligent(e)	nachlässig
soigneux(euse)	sorgfältig
fâché(e)	erzürnt
content(e) de	zufrieden mit
plein(e) d'entrain	unternehmungslustig
ennuyeux(euse)	langweilig, gelangweilt

plein(e)	voll
vide	leer
long(ue)	lang
court(e)	kurz
dur(e)	hart
doux (douce)	weich

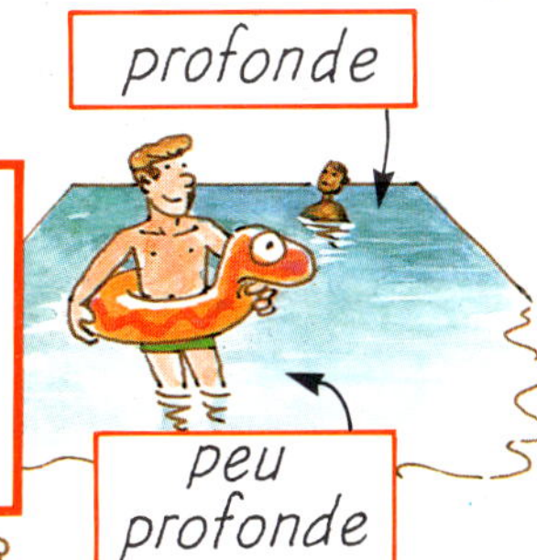

neuf (neuve)	neu
vieux (vieil, vieille)*	alt
ouvert(e)	offen
fermé(e)	geschlossen
profond(e)	tief
peu profond(e)	seicht, flach

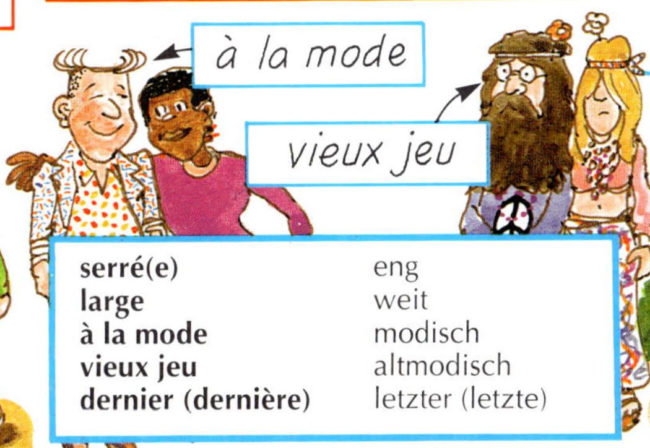

serré(e)	eng
large	weit
à la mode	modisch
vieux jeu	altmodisch
dernier (dernière)	letzter (letzte)

en plastique	aus Plastik
en bois	aus Holz
en or	aus Gold
en métal	aus Metall
en argent	aus Silber

***Vieux** ist unregelmäßig. Siehe Fußnote auf Seite 5.

Farben

la couleur	die Farbe	**vif (vive)**	leuchtend
rouge	rot	**orange**	orange
rose	rosa	**bleu(e)**	blau
pâle	blaß	**bleu(e) marine**	dunkelblau
blanc (blanche)	weiß	**violet(te)**	violett
noir(e)	schwarz	**foncé(e)**	dunkel(farbig)
gris(e)	grau	**vert(e)**	grün
terne	matt	**à fleurs**	geblümt
brun(e)	braun	**à pois**	gepunktet
jaune	gelb	**à rayures**	gestreift

In, auf, unter ...

dans	in	**derrière**	hinter
sur	auf	**contre**	gegen
sous	unter	**à travers**	(quer) durch
par dessus	über	**parmi**	unter (mehreren)
dans	hinein	**vers**	(ent-) gegen, auf...zu
hors de	außerhalb von	**de**	von...weg
à côté de	neben	**en haut**	(nach) oben
entre	zwischen	**en bas**	(nach) unten
près de	nahe bei	**en face de**	gegenüber von
loin de	entfernt von	**avec**	mit
devant	vor	**sans**	ohne

Tätigkeiten

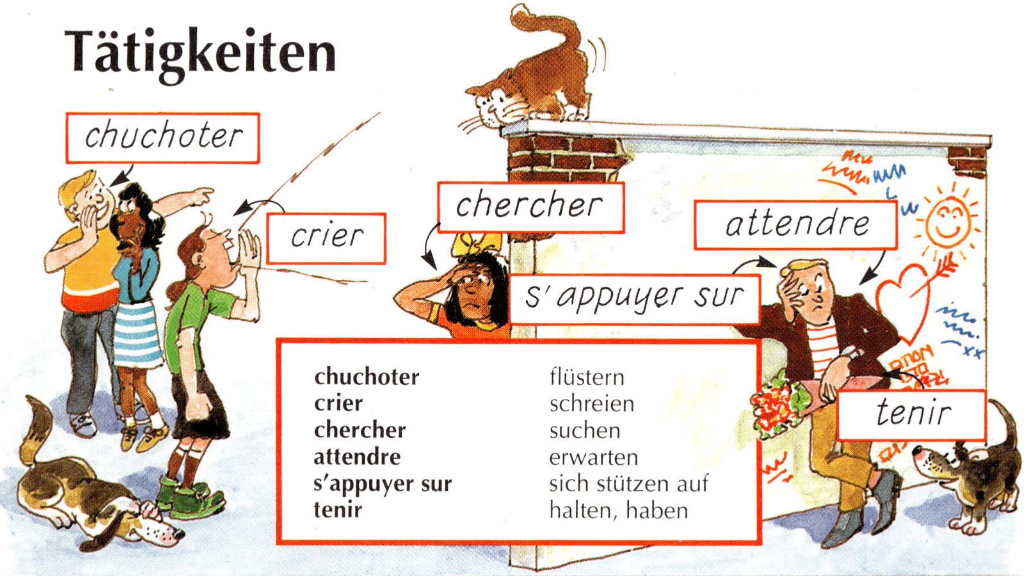

chuchoter	flüstern
crier	schreien
chercher	suchen
attendre	erwarten
s'appuyer sur	sich stützen auf
tenir	halten, haben

porter	tragen	**ramasser**	aufheben
laisser tomber	fallen lassen	**déposer**	hinlegen

toucher	berühren
ouvrir	öffnen
fermer	schließen
verser	gießen
remplir	füllen
agiter	schütteln
vider	ausleeren

déchirer	zerreißen
raccommoder	flicken
lancer	werfen
attraper	auffangen
renverser	umwerfen
casser	zerbrechen

tirer	ziehen	**s'échapper**	davonlaufen, entwischen
pousser	stoßen, schieben		
voler	stehlen	**suivre**	(ver-) folgen
glisser	ausrutschen	**se cacher**	sich verstecken

Tips zur Grammatik

Um Französisch sprechen zu können, brauchst du einige Grundkenntnisse der Grammatik. Du mußt ja wissen, wie du Wörter zusammenfügen und Sätze bilden kannst. Auf den folgenden Seiten findest du einige Regeln und Angaben dazu. Keine Angst, wenn du dir nicht gleich alle merken kannst. Lerne immer nur ein wenig Grammatik auf einmal und übe das Gelernte im täglichen Gebrauch.

Hauptwörter (Substantive)

Französische Substantive sind entweder männlich (maskulin) oder weiblich (feminin); **le** steht vor einem maskulinen, **la** vor einem femininen Substantiv und **l'** vor einem Substantiv, das mit einem Vokal beginnt:

le chapeau	der Hut
la jupe	der Rock
l'imperméable (m)	der Regenmantel
l'écharpe (w)	der Schal

Von vielen Substantiven gibt es, wie im Deutschen auch, beide Formen. Dabei handelt es sich oft um Berufsbezeichnungen:

l'étudiant	der Student
l'étudiante	die Studentin
le boulanger	der Bäcker
la boulangère	die Bäckerin

In den Illustrationen ist in diesem Buch jeweils nur die zum Bild passende Form genannt; in der Wörterliste am Ende sind aber beide Formen angegeben.

Mehrzahl (Plural)

Dem deutschen Mehrzahlartikel »die« entspricht das französische **les**:

les chapeaux	die Hüte
les jupes	die Röcke
les imperméables	die Regenmäntel
les écharpes	die Schals

Um die Mehrzahl zu bilden, wird bei den meisten Substantiven ein **s** angehängt, das allerdings nicht ausgesprochen wird. Einige Mehrzahlformen werden aber anders gebildet. Substantiven mit der Endung **au** und **eu** wird in der Mehrzahl ein **x** angehängt:

le bateau	das Boot
les bateaux	die Boote
le jeu	das Spiel
les jeux	die Spiele

Substantive, die auf **al** enden, ändern **al** im Plural zu **aux**:

le cheval	das Pferd
les chevaux	die Pferde

ein, eine

Dem deutschen »ein, eine« entspricht das französische **un** vor einem maskulinen und **une** vor einem femininen Wort:

un chapeau	ein Hut
une jupe	ein Rock
un imperméable	ein Regenmantel
une écharpe	ein Schal

Unbestimmte Mengenangabe

Um im Französischen eine unbestimmte Menge anzugeben, wird **de** vor das entsprechende Substantiv gestellt (auch wenn im Deutschen häufig nichts steht!). Vor einem maskulinen Substantiv verschmilzt **de le** zu **du**; **de la** steht vor einem femininen Substantiv und **de l'** vor einem mit Vokal beginnenden Substantiv. In der Mehrzahl wird **de les** zu **des**.

Elle mange du poisson. Sie ißt Fisch.

Mit einigen Ausnahmen wird nach einer Verneinung nur **de** gebraucht!

Je ne mange jamais de riz.
Ich esse niemals Reis.

mein, dein

»mein«, »dein«, »sein«, »ihr« usw. sind besitzanzeigende Fürwörter (Possessivpronomen). Im Französischen werden sie, wie im Deutschen auch, an das zugehörige Substantiv angeglichen; sie erscheinen also in der maskulinen oder femininen Form und stehen in der Einzahl oder Mehrzahl:

E/m	E/w	M
mon gilet	**ma jupe**	**mes gants**
meine Weste	mein Rock	meine Handschuhe
dein(e)		
ton gilet	**ta jupe**	**tes gants**
sein(e)/ihr(e)		
son gilet	**sa jupe**	**ses gants**
unser(e)		
notre gilet	**notre jupe**	**nos gants**
euer(e)		
votre gilet	**votre jupe**	**vos gants**
ihr(e)		
leur gilet	**leur jupe**	**leurs gants**

Bei Substantiven, die mit einem Vokal beginnen, wird immer die maskuline Form des Possesivpronomens gebraucht:

mon imperméable (m)
mein Regenmantel
mon écharpe (w)
mein Schal

Eigenschaftswörter (Adjektive)

Im Französischen ändern Adjektive, ebenfalls wie im Deutschen, die Endung je nachdem, ob sie ein männliches oder weibliches, in der Einzahl oder Mehrzahl stehendes Wort beschreiben. Die weibliche Form wird meist gebildet, indem man ein **e** zur maskulinen Form hinzufügt, es sei denn, das maskuline Adjektiv endet bereits auf **e**:

Il est grand.	Er ist groß.
Elle est grande.	Sie ist groß.

Um die Mehrzahl eines Adjektives zu bilden, fügt man meist ein **s** an:

Ils sont grands.	Sie (m/M) sind groß.
Elles sont grandes.	Sie (w/M) sind groß.

Auf **au** endende Adjektive allerdings, bekommen in der Mehrzahl ein **x** angehängt:

beau	schön
beaux	

Und auf **al** endende, bekommen in der Mehrzahl die Endung **aux**:

égal	gleich
égaux	

Zudem gibt es auch unregelmäßige Adjektive:

beau, **bel (m)***, **belle (w)** schön
bon (m), **bonne (w)** gut
nouveau, **nouvel (m)****, **nouvelle (w)** neu

Wenn solche Adjektive in den Bildern erscheinen, ist jeweils die zum Bild passende Form angegeben. Da es aber nützlich ist, sowohl die maskuline wie auch die feminine Form zu kennen, sind in den Kästchen beide Formen aufgeführt.

Meist stehen die Adjektive im Französischen nach dem Substantiv:

un blouson rouge	eine rote Jacke
du lait chaud	warme Milch

Folgende, häufig vorkommende Adjektive stehen aber in der Regel vor dem Substantiv:

autre	andere
beau	schön
bon	gut
gentil	nett
grand	groß
gros	dick
jeune	jung
joli	hübsch

* siehe Fußnote Seite 8
** Die männliche Form von **nouveau** wird zu **nouvel** vor einem **h** oder Vokal, die weibliche heißt **nouvelle**.

long	lang
mauvais	schlecht
petit	klein
vaste	enorm
vieux	alt

Steigerung von Adjektiven

Wie das Deutsche kennt das Französische zwei Steigerungsformen. Für die erste wird **plus** vor das Adjektiv gesetzt, für die zweite **le/la/les plus**:

Elle est plus grande.
Sie ist größer.
Elle est la plus grande.
Sie ist die größte.

Einige gebräuchliche Adjektive ändern ihre Form allerdings vollkommen:

bon	gut
meilleur	besser
le meilleur	der beste
mauvais	schlecht
pire	schlechter
le pire	der schlechteste

Bei Vergleichen wird **plus ... que** (mehr ... als), **aussi ... que** (gleich ... wie) oder **moins ... que** (weniger ... als) zum Adjektiv gesetzt:

Elle est plus grande que son frère.
Sie ist größer als ihr Bruder.
Son frère est aussi grand que ma soeur.
Ihr Bruder ist gleich groß wie meine Schwester.
Il est moins grand que son frère.
Er ist kleiner als sein Bruder.

Fürwörter (Pronomen)

Pronomen werden anstelle von Substantiven gebraucht. Entsprechend den Substantiven, die sie ersetzen, stehen sie in verschiedenen Formen.

Subjektpronomen:

je/j'*	ich	**nous**	wir
tu	du	**vous**	ihr
il	er/es	**ils**	sie (m)
elle	sie/es	**elles**	sie (w)

Das deutsche »es« wird zu **il**, wenn es ein maskulines, und zu **elle**, wenn es ein feminines Wort ersetzt. Die Mehrzahlform »sie« heißt **ils** für maskuline und **elles** für feminine Wörter. Werden maskuline und feminine Wörter gleichzeitig ersetzt, verwendet man stets **ils**.

Objektpronomen:

me	mich/mir	**nous**	uns
te	dich/dir	**vous**	euch
le	ihn/ihr/es	**les**	sie (m/w)

Das deutsche »es« wird zu **le**, wenn es ein maskulines, und zu **la**, wenn es ein feminines Wort ersetzt. Die Mehrzahlform »sie« heißt **les** für alle Formen.

Je le regarde.
Ich schaue ihn an.
Il ne me regarde pas.
Er schaut mich nicht an.

In der Vergangenheitsform (Perfekt, siehe Seite 99) stellt man das Objektpronomen vor **avoir** bzw. **être**. Das Partizip Perfekt wird dabei wie ein Adjektiv an das Pronomen angeglichen, ist also feminin oder maskulin und steht in der Einzahl oder Mehrzahl:

Je l'ai regardé.
Ich habe ihn angeschaut. (m/E)
Je l'ai regardée.
Ich habe sie angeschaut. (w/E)
Les clés! Je les ai trouvées.
Die Schlüssel! Ich habe sie gefunden. (w/M)

Höflichkeitsform:
Wenn du in Frankreich zu fremden oder dir wenig bekannten Erwachsenen sprichst, redest du sie mit **vous** an. Dies entspricht dem deutschen »Sie« und hat

***je** wird zu **j'** wenn es vor einem mit Vokal beginnendem Verb steht (z. B. »Ich habe ...« **J'ai ...**)

ebenfalls nur eine Form für Einzahl und Mehrzahl.

Est-ce que vous allez à la maison?
Gehen Sie nach Hause?

Tätigkeitswörter (Verben)

Ihre Form ist im Französischen, wie ja auch im Deutschen, abhängig von der handelnden Person. Die meisten Verben werden entsprechend ihrer Grundform (**re, ir, re**) nach einem der drei folgenden Hauptmuster gebildet.

Gegenwart (Präsens):

danser	tanzen
je danse	ich tanze
tu danses	du tanzt
il/elle danse	er/sie tanzt
nous dansons	wir tanzen
vous dansez	ihr tanzt/Sie tanzen
ils/elles dansent	sie tanzen

choisir	wählen
je choisis	ich wähle
tu choisis	
il/elle choisit	
nous choisissons	
vous choisissez	
ils/elles choisissent	

attendre	warten
j'attends	ich warte
tu attends	
il/elle attend	
vous attendez	
ils/elles attendent	

Einige unregelmäßige Verben wie z.B. **avoir** (haben) und **être** (sein) mußt du auswendig lernen, da sie keinem dieser Muster folgen. Die Präsensformen von **avoir** und **être** stehen nachfolgend. Weitere unregelmäßige Verben findest du auf Seite 101.

avoir	**être**
j'ai	**je suis**
tu as	**tu es**
il/elle a	**il/elle est**
nous avons	**nous sommes**
vous avez	**vous êtes**
ils/elles ont	**ils/elles sont**

Mit den Futurformen beschreibst du Vorgänge, die in der Zukunft geschehen (z.B. »Ich werde tanzen«). Im Französischen werden dafür dem Infinitiv folgende Endungen hinzugefügt.

danser	**choisir**
je danserai	**je choisirai**
tu danseras	**je choisiras**
il/elle dansera	**tu choisira**
nous danserons	**nous choisirons**
vous danserez	**vous choisirez**
ils/elles danseront	**ils/elles choisiront**

Bei Verben, die auf **re** enden, wird vor den Futurendungen das **e** weggelassen.

attendre

j'attendrai
tu attendras
il/elle attendra
nous attendrons
vous attendrez
ils/elles attendront

Für Ereignisse, die bereits geschehen sind (z.B. »Ich habe getanzt« oder »Ich tanzte«) braucht man häufig das Perfekt. Diese Vergangenheitsform wird mit den Präsensformen von **avoir** und dem Partizip Perfekt des gewünschten Verbes gebildet. Das Partizip wird vom Infinitiv abgeleitet.

Infinitiv	Partizip Perfekt
dans er	**dans é**
chois ir	**chois i**
attend re	**attend u**

Hier ist nun die Perfektform von **danser, choisir** und **attendre**:

j'ai dansé
tu as dansé
il/elle a dansé
nous avons dansé
vous avez dansé
ils/elles ont dansé

j'ai choisi
tu as choisi
il/elle choisi
nous avons choisi
vous avez choisi
ils/elles ont choisi

j'ai attendu
tu as attendu
il/elle a attendu
nous avons attendu
vous avez attendu
ils/elles ont attendu

Bei folgenden gebräuchlichen Verben wird das Perfekt nicht mit **avoir** sondern mit **être** gebildet:

aller	gehen
arriver	ankommen
descendre	hinuntergehen
devenir	werden
entrer	eintreten
monter	(hinauf-)gehen, (hinauf-)steigen
mourir	sterben
naître	geboren werden
partir	weggehen, abreisen
rentrer	zurückkommen
retourner	zurückkehren
sortir	hinausgehen
tomber	fallen
venir	kommen

Wird das Perfekt mit **être** gebildet, muß das Partizip wie ein Adjektiv an das Subjekt des Verbes angeglichen werden; es ist also maskulin oder feminin (mit einem **e**) und steht in der Einzahl oder Mehrzahl (mit einem **s**):

je suis allé(e)	**nous sommes allé(e)s**
tu es allé(e)	**vous êtes allé(e)s**
il est allé	**ils sont allés**
elle est allée	**elles sont allées**

Reflexive Verben

Verben, bei denen **se** vor dem Infinitiv steht, nennt man Rückbezügliche oder Reflexive Verben:

se laver	sich waschen
s'amuser	sich gut unterhalten
se coucher	sich schlafen legen

Se heißt »sich« und verändert sich je nachdem, wer eine Handlung ausführt.

je me couche
tu te couches
il/elle se couche
nous nous couchons
vous vous couchez
ils/elles se couchent

Vor Vokalen werden **me, te** und **se** zu **m', t'** und **s'** verkürzt.

Das Perfekt wird bei Reflexiven Verben immer mit **être** gebildet; daher wird auch hier das Partizip Perfekt dem Subjekt des Verbes angeglichen:

je me suis couché(e)
tu t'es couché(e)
il s'est couché
elle s'est couchée
nous nous sommes couché(e)s
vous vous êtes couché(e)s
ils se sont couchés
elles se sont couchées

Verneinungsformen

Um im Französischen etwas zu verneinen, wird das Verb zwischen **ne ... pas** (bzw. **n' ... pas**) gestellt.

Je n'aime pas les chiens.
Ich mag Hunde nicht.
Je ne sortirai pas.
Ich werde nicht hinausgehen.

Im Perfekt steht **ne ... pas** vor und nach **avoir** bzw. **être**:

Je n'ai pas fini.
Ich bin nicht fertig.
Je ne suis pas allé au cinéma.
Ich (m) bin nicht ins Kino gegangen.

Bei Reflexiven Verben steht **ne** vor **me, te, se** usw.:

Je ne me couche pas tard.
Ich gehe nicht spät zu Bett.
Je ne me suis pas lavée ce matin.
Ich (w) habe mich heute morgen nicht gewaschen.

Fragen

Fragen werden häufig mit **est-ce que** gebildet:

Est-ce que tu as des soeurs?
Hast du Schwestern?
Est-ce que Jean vient avec nous?
Kommt Jean mit uns?
Est-ce qu'il y a une pharmacie par ici?
Gibt es hier irgendwo eine Apotheke?

Nachfolgend eine Liste von Fragen, die mit gebräuchlichen Fragewörtern beginnen. Bei Sätzen mit Fragewörtern wird das Subjekt dem Verb nachgestellt; ist das Subjekt ein Pronomen, setzt man einen Bindestrich zwischen Pronomen und Verb.

Qui est ce monsieur?
Wer ist dieser Mann?
Que fais-tu?
Was machst du?
Quand est-elle allée à Paris?
Wann ist sie nach Paris gegangen?
Comment est-tu venu?
Wie bist du (m) gekommen?
Combien coûte le billet?
Wieviel kostet die Fahrkarte?
Combien de temps dure le film?
Wie lange dauert der Film?
Combien de frères as-tu?
Wie viele Brüder hast du?
Pourquoi a-t-il* dit cela?
Warum hat er das gesagt?
Où est le cinéma?
Wo ist das Kino?
D'où venez-vous?
Woher kommt ihr?/Woher kommen Sie?

Quel bedeutet »welcher« oder »was für« und gleicht sich wie ein Adjektiv dem dazugehörigen Substantiven an:

Quel temps fait-il?	Wie ist das Wetter?
Quelle heure est-il?	Wieviel Uhr ist es?
Quels livres?	Welche Bücher?
Quelles langues parles-tu?	Welche Sprachen sprichst du?

Unregelmäßige Verben

Hier sind die Präsensformen einiger unregelmäßiger Verben, dazu die Ich-Form des Futurs und des Perfekts. Versuche sie auswendig zu lernen - jeweils eins oder zwei auf einmal - da du sie voraussichtlich ziemlich häufig brauchen wirst.

aller gehen

je vais
tu vas
il/elle va
nous allons
vous allez
ils/elles vont

Futur: **j'irai**
Perfekt: **je suis allé(e)**

***t** wird immer dann mit Bindestrichen zwischen Verb und Pronomen gestellt, wenn in einer Frage zwei Vokale aufeinandertreffen.

s'assoir sich setzen

je m'assieds
tu t'assieds
il/elle s'assied
nous nous asseyons
vous vous asseyez
ils/elles s'asseyent

Futur: **je m'assiérai**
Perfekt: **je me suis assis(e)**

avoir haben

j'ai
tu as
il/elle a
nous avons
vous avez
ils/elles ont

Futur: **j'aurai**
Perfekt: **j'ai eu**

boire trinken

je bois
tu bois
il/elle boit
nous buvons
vous buvez
ils/elles boivent

Futur: **je boirai**
Perfekt: **j'ai bu**

connaître kennen

je connais
tu connais
il/elle connaît
nous connaissons
vous connaissez
ils/elles connaissent

Futur: **je connaîtrai**
Perfekt: **j'ai connu**

courir laufen

je cours
tu cours
il/elle court
nous courons
vous courez
ils/elles courent

Futur: **je courrai**
Perfekt: **j'ai couru**

croire glauben

je crois
tu crois
il/elle croit
nous croyons
vous croyez
ils/elles croient

Futur: **je croirai**
Perfekt: **j'ai cru**

devoir müssen

je dois
tu doit
il/elle doit
nous devons
vous devez
ils/elles doivent

Futur: **je devrai**
Perfekt: **j'ai dû**

dire sagen

je dis
tu dis
il/elle dit
nous disons
vous dîtes
ils/elles disent

Futur: **je dirai**
Perfekt: **j'ai dit**

écrire schreiben

j' écris
tu écris
il/elle écrit
nous écrivons
vous écrivez
ils/elles écrivent

Futur: **j'écrirai**
Perfekt: **j'ai écrit**

être sein

je suis
tu es
il/elle est
nous sommes
vous êtes
ils/elles sont

Futur: **je serai**
Perfekt: **j'ai été**

faire machen

je fais
tu fais
il/elle fait
nous faisons
vous faites
ils/elles font

Futur: **je ferai**
Perfekt: **j'ai fait**

lire lesen

je lis
tu lis
il/elle lit
nous lisons
vous lisez
ils/elles lisent

Futur: **je lirai**
Perfekt: **j'ai lu**

mettre setzen, stellen, legen

je mets
tu mets
il/elle met
nous mettons
vous mettez
ils/elles mettent

Futur: **je mettrai**
Perfekt: **j'ai mis**

ouvrir öffnen

j'ouvre
tu ouvres
il/elle ouvre
nous ouvrons
vous ouvrez
ils/elles ouvrent

Futur: **j'ouvrirai**
Perfekt: **j'ai ouvert**

partir weggehen

je pars
tu pars
il/elle part
nous partons
vous partez
ils/elles partent

Futur: **je partirai**
Perfekt: **je suis parti(e)**

pouvoir können

je peux
tu peux
il/elle peut
nous pouvons
vous pouvez
ils/elles peuvent

Futur: **je pourrai**
Perfekt: **j'ai pu**

prendre nehmen

je prends
tu prends
il/elle prend
nous prenons
vous prenez
ils/elles prennent

Futur: **je prendrai**
Perfekt: **j'ai pris**

rire lachen

je ris
tu ris
il/elle rit
nous rions
vous riez
ils/elles rient

Futur: **je rirai**
Perfekt: **j'ai ri**

savoir wissen

je sais
tu sais
il/elle sait
nous savons
vous savez
ils/elles savent

Futur: **je saurai**
Perfekt: **j'ai su**

sortir hinausgehen

je sors
tu sors
il/elle sort
nous sortons
vous sortez
ils/elles sortent

Futur: **je sortirai**
Perfekt: **je suis sorti(e)**

suivre (ver-)folgen

je suis
tu suis
il/elle suit
nous suivons
vous suivez
ils/elles suivent

Futur: **je suivrai**
Perfekt: **j'ai suivi**

venir kommen

je viens
tu viens
il/elle vient
nous venons
vous venez
ils/elle viennent

Futur: **je viendrai**
Perfekt: **je suis venu(e)**

vivre leben

je vis
tu vis
il/elle vit
nous vivons
vous vivez
ils/elles vivent

Futur: **je vivrai**
Perfekt: **j'ai vécu**

vouloir wollen

je veux
tu veux
il/elle veut
nous voulons
vous voulez
ils/elles veulent

Futur: **je voudrai**
Perfekt: **j'ai voulu**

Erklärung der Redewendungen

Im bebilderten Teil kommen immer wieder kurze Sätze und Redewendungen vor. Vielleicht kannst du sie dir besser merken, wenn du die Bedeutung der einzelnen Wörter kennst. Wir haben sie deshalb im folgenden Teil entsprechend ihrer Reihenfolge im Buch aufgelistet. (Wendungen, die dem Deutschen wörtlich entsprechen, haben wir weggelassen.) Nach der deutschen Gesamtübersetzung wird, wenn immer es möglich ist, die wörtliche Bedeutung der einzelnen Teile angegeben.* Alle dabei verwendeten grammatikalischen Ausdrücke werden auf den Seiten 96-104 erklärt.

Seite 4
A tout à l'heure. Bis bald!
à=bis; **tout**=ganz, alles;
l'heure=Stunde, Zeitpunkt

faire la bise à einen Kuß geben
faire à=jemanden etwas machen, antun;
la bise=der Kuß (umgangssprachlich für **le baiser**); »küssen« heißt auch **embrasser**

Seite 5
D'accord. Einverstanden.
d'(**de** vor Konsonanten)=von;
l'accord (m)=das Einverständis

Comment t'appelles-tu? Wie heißt du?
comment?=wie?; **s'appeler**=sich rufen, sich nennen (Reflexives Verb)

Quel âge as-tu? Wie alt bist du?
quel(le)?=was für ein(e), welche(r/s)?;
l'âge (m)=das Alter; **as-tu?**=hast du?

J'ai dix-neuf ans. Ich bin neunzehn.
j'ai=ich habe; **dix-neuf**=neunzehn;
l'an (m)=das Jahr

Seite 12
Je suis chez moi. Ich bin zu Hause.
je suis=ich bin; **chez moi**=bei mir (**chez** wird gefolgt von **moi**=mir, **toi**=dir, **lui/elle**=ihm/ihr, **nous**=uns, **vous**=euch, **eux/elles**=ihnen (m/f), je nachdem, von wessen Haus man spricht.)

Seite 17
la mauvaise herbe das Unkraut
mauvais(e)=böse, schlecht;
l'herbe (w)=das Gras

Seite 24
l'heure d'aller se coucher Schlafenszeit
l'heure=Stunde, Zeitpunkt; **d'**(**de** vor Konsonanten)=von; **aller**=gehen;
se coucher=sich schlafen legen

Seite 34
faire la collection de timbres Briefmarken sammeln
faire=machen, tun; **la collection**=die Sammlung; **de**=von; **les timbres**=die Marken

Seite 37
Service compris? Bedienung inbegriffen?
le service=die Bedienung;
compris(e)=eingeschlossen
(vollständige Frage: **Est-ce que le service est compris?**)

Service non compris. Bedienung nicht inbegriffen!
non=nicht, nein

le pourboire das Trinkgeld
pour=für, zum; **boire**=trinken

Seite 43
Ça fait ... Das/Es macht ...
ça=das, es (kurz für **cela**); **fait**=macht (dies ist eine andere Möglichkeit, um **ça coûte ...** zu sagen; siehe Seite 44)

Seite 44
Je voudrais ... Ich hätte gerne ...
vouloir=wollen (so fragt man nach etwas in Läden, Restaurants, an Schaltern usw.)

C'est quelle taille? Welche Größe ist das?
c'est=das/es ist; **quel(le)**=was, welche(r/s)
la taille=die Größe

*Das Zeichen = bedeutet, daß die Übersetzung wörtlich ist.

Combien coûte ...? Wieviel kostet ...?
combien?=wieviel?

Ça coûte ... Das/Es kostet ...
ça=das, es (kurz für **cela**)
z.B. **Combien coûte cette robe?**
Wieviel kostet dieses Kleid?

Seite 48
Allô ... Hallo ...
allô=hallo (wird nur am Telefon gebraucht)

Seite 49
Monsieur/Madame, Sehr geehrter Herr/Sehr geehrte Frau,
Monsieur=Mein Herr; **Madame**=Meine Frau, Dame (Beachte, daß man einen formellen Brief nicht mit **Cher/Chère**=Lieber/Liebe beginnt)

Veuillez trouver ci-joint ... Anbei finden Sie ...
trouver=finden; **veuillez**= wollen Sie (sehr höflich, von **vouloir**);
ci-joint=hierbeigefügt

Je vous prie de croire, Monsieur/Madame, à mes sentiments les meilleurs
Mit freundlichen Grüßen
Je vous prie=Ich bitte Sie;
de croire à=an ... zu glauben;
mes sentiments les meilleurs=meine besten Gefühle

J'ai été très content(e) d'avoir de tes nouvelles Ich habe mich sehr gefreut, von Dir zu hören.
j'ai été=ich bin gewesen; **très**=sehr;
content(e) de=zufrieden; **avoir**=haben;
de=von (hier für unbestimmte Mengenangabe); **tes nouvelles**=deine Neuigkeiten (**la nouvelle**=die Neuigkeit)

Bons baisers Grüße und Küsse
bon(ne)=gut; **le baiser**=der Kuß (ebenfalls gebräuchlich, um einen freundschaftlich Brief abzuschließen: **Je t'/vous embrasse; baisers affectueux; affectueusement)**

Je pense bien à toi. Ich denke oft an dich.
je pense à=ich denke an; **bien**=gut (hier wird **bien** als Betonung gebraucht und heißt »viel«, »häufig«); **toi**=dich

appelle maison zu Hause anrufen (Telegrammkurzform)
appelle=ruf an; **la maison**=das Haus (**à la maison** heißt zu Hause, siehe auch S. 12)

Seite 50
pour aller à ...? Wie kommt man ...?
pour=für, um zu; **aller à**=gehen zu

Est-ce que ... est loin d'ici? Ist ... weit von hier entfernt?
est-ce que=Einleitung einer Frage (siehe S. 101); **loin**=weit; **d'ici**=von hier (**ici**=hier)

Seite 57
avoir le mal de mer seekrank sein
avoir=haben; **le mal**=das Übel;
la mer=das Meer

Seite 73
faire des calculs rechnen
faire=machen; **les calculs**=die Rechnungen

Seite 78
Bon anniversaire! Alles Gute zum Geburtstag!
bon(ne)=gut; **l'anniversaire (m)** =der Geburtstag

Seite 79
Joyeux Noël. Frohe Weihnachten!
joyeux (joyeuse)=fröhlich, freudig;
le Noël=die Weihnacht

Merci beaucoup. Vielen Dank!
merci=danke; **beaucoup**=viel, sehr

Bonne année. Glückliches Neues Jahr!
bon(ne)=gut; **l'année (f)**=das Jahr (Beachte, daß »das Jahr« sowohl **l'année (f)** als auch **l'an (m)** heißen kann, wie z.B. in **le jour de l'An.**)

Seite 82
Il commence à faire jour. Es wird Tag, es wird hell.
il commence à=es beginnt zu (hier wird **il** unpersönlich gebraucht wie auch z.B. in **il pleut**=es regnet); **faire jour**=hell sein (**le jour** bedeutet sowohl »das Tageslicht« als auch »der Tag«; **faire jour** wird nur für natürliches Licht gebraucht)

Il fait jour/nuit. Es ist hell/dunkel.
il fait=es ist (wörtlich: es macht; für Wetterbeschreibungen wird meist **il fait** gebraucht, siehe auch Beispiele S. 85); **le jour**=der Tag, das Tageslicht

La nuit tombe. Es wird dunkel.
la nuit=die Nacht, die Dunkelheit; **tombe**=fällt

Seite 83
Quelle heure est-il? Wieviel Uhr ist es?
quel(le)?=was für?/welche(r/s)?; **l'heure (w)**=die Stunde, der Zeitpunkt; **est-il**=ist es

Il est une heure/trois heures. Es ist ein/drei Uhr.
il est=es ist; **un(e)**=ein(e); **trois**=drei; **l'heure (w)**=die Stunde

dix heures moins le quart Viertel vor 10
dix heures=zehn Uhr; **moins**=weniger; **le quart**=das Viertel

dix heures cinq/et quart/et demie fünf nach 10/viertel nach 10/halb 11
dix heures=zehn Uhr; **cinq**=fünf; **et quart**=und (ein) Viertel; **et demie**=und halb

huit heures du matin/soire 8 Uhr morgens/abends
huit heures=acht Uhr; **du matin**=des Morgens; **du soir**=des Abends

Seite 85
Quel temps fait-il? Wie ist das Wetter?
quel(le)=was für ?/welche(r/s)?; **le temps**=das Wetter, die Zeit; **fait-il?**=ist es? (vgl. **il fait jour**, S. 82)

J'ai chaud. Mir ist warm.
j'ai=ich habe; **chaud(e)**=warm, heiß (**avoir** wird oft in solchen Wendungen gebraucht, so auch in **j'ai froid/faim**=Mir ist kalt/Ich bin hungrig)

Il fait du vent/brouillard. Es ist windig/neblig.
il fait=es macht, es ist (vgl. **il fait jour**, S. 82); **du vent**=Wind (unbestimmte Mengenangabe); **du brouillard**=Nebel (unbestimmte Mengenangabe)

Aussprachehilfen

Die folgende Liste faßt jene Buchstaben und Buchstabenkombinationen zusammen, denen im Französischen jeweils besondere Laute entsprechen. Die Liste soll dir also die französische Aussprache erleichtern. Da diese aber auch in der Sprachmelodie erheblich von der deutschen abweicht, ist es wichtig, daß du so oft wie möglich französisch sprechenden Leuten zuhörst. Such dir einen französischen Radiosender! Du wirst sehen: Bald weißt du, wie Französisch klingt.

Vokale:

a Spricht man wie im Deutschen aus; kurz wie H**a**mmer: **a**dresse; oft lang wie V**a**ter: la p**a**ge

e In dieser Form ohne Betonung wie in Wann**e**: l**e**, p**e**tit

é Wird betont wie Schn**ee**: **été**, l**e**s

ê, è Klingt wie ein **ä**: m**ê**me, vous **ê**tes, la berg**è**re

i Klingt wie das deutsche **i** in s**i**ngen: **i**l, d**i**x, v**i**lle

o Spricht man wie das deutsche **o**, entweder kurz wie in m**o**rgen: fr**o**mage oder lang wie in T**o**r: r**o**se

u Wird wie das deutsche **ü** in T**ü**r ausgesprochen: m**u**sique

au, eau Klingt wie das deutsche **oh**: g**au**che, chât**eau**

eu, oeu, oei Wird wie **ö** ausgesprochen: bl**eu**, b**oe**f, **oei**l (**öi**)

oi, oî Klingt wie ein schnelles **oa**: v**oi**ture, b**oî**te

ou Spricht man wie **u**: s**ou**s

Nasale:

Man spricht jeweils den Vokal; das **n** oder **m** wird, leicht durch die Nase gesprochen, angehängt:

aim, **i**n Klingt wie ein durch die Nase gesprochenes **ä**: f**ai**m, tr**ai**n, magas**i**n

an, **e**n Ein durch die Nase gesprochenes, langes **a**: l**a**ngue, fr**a**nçais, **e**nt**e**ndre

on Ein durch die Nase gesprochenes **o**: b**o**njour, m**o**ntagne

un, **u**m Ein durch die Nase gesprochenes, offenes **ö**: **u**n, br**u**n, parf**u**m

Konsonanten:

c Vor **e** oder **i** klingt **c** wie das scharfe, stimmlose **s** in Wa**ss**er: mer**c**i, Fran**c**e, **c**erise; vor allen anderen Buchstaben wird **c** als **k** ausgesprochen: **c**afé, **c**oton, **c**rabe

ç Wird immer wie das stimmlose **s** ausgesprochen: gar**ç**on, fran**ç**ais

ch Spricht man wie **sch** in **Sch**af: va**ch**e, **ch**anter

g Vor **e** und **i** spricht man **g** wie ein weiches **sch**: gara**g**e, **g**enou, **g**iraffe, â**g**e; vor allen anderen Buchstaben klingt es wie das deutsche **g** in **G**itarre: **g**rand, **g**are, **g**uitare

gn Wird als **ni** mit einem verschluckten **g** davor ausgesprochen wie in Champi**gn**on: campa**gn**e, monta**gn**e

h Wird im Französischen **nicht** gesprochen: **h**istoire, **h**ôpital, **h**ôtel

j Ist ein weiches, stimmhaftes **sch** wie das französische **g**: bon**j**our, **j**eune

qu Klingt ungefähr wie das deutsche **k** in **K**iste: **qu**estion, musi**qu**e

s Das **s** am Wortanfang ist fast immer stimmlos, also scharf: **s**alade; zwischen Vokalen in der Wortmitte ist es stimmhaft, also weich: ro**s**e

th Spricht man wie das deutsche **t** in **T**ee: **th**éâtre

v Wird wie das deutsche **w** in **W**ein ausgesprochen: **v**ent, **v**in

z Klingt wie das weiche **s** in **S**ahne: **z**ero

Konsonanten am Ende eines Wortes werden in der Regel nicht augesprochen: françai**s**, peti**t**, le**s**, aoû**t**, deu**x**
Ausnahme: Wenn das nachfolgende Wort mit einem Vokal beginnt, z.B.: un peti**t e**nfant, les deu**x a**utos

Alphabetischer Wortschatz

A	
links **abbiegen**	tourner à gauche
rechts **abbiegen**	tourner à droite
der/am **Abend**	le soir
gestern **abend**	hier soir
heute **abend**	ce soir
morgen **abend**	demain soir
das **Abendessen**	le dîner
der **Abfalleimer**	la boîte à ordures
Abflug	Départs (m/M)
der **Abgeordnete**	le député
der **Abhang**	la pente
abnehmen (Telefon)	décrocher
abreisen	partir
abschmecken	goûter
die **Abteilung** (im Laden)	le rayon
abtrocknen, abwischen	essuyer
sich abtrocknen	s'essuyer
abziehen	soustraire
acht	huit
acht Uhr abends	huit heures du soir
acht Uhr morgens	huit heures du matin
achtzehn	dix-huit
achtzig	quatre-vingts
addieren	additionner
der **Adler**	l'aigle (m)
die **Adresse**	l'adresse (w)
Achtung!	Attention! (m)
der **Affe**	le singe
Afrika	l'Afrique (w)
die **Alge**	l'algue (w)
allein	seul(e)
das **Alphabet**	l'alphabet (m)
alt	vieux, vieil (vieille)
so **alt** wie	le même âge que
Wie **alt** bist du? Ich bin neunzehn.	Quel âge as-tu? J'ai dix-neuf ans.
älter als	plus âgé(e) que
das **Alter** (Jahre)	l'âge (m)
das **Alter** (Lebensphase)	la vieillesse
altmodisch	vieux-jeu
die **Amsel**	le merle
Anbei finden Sie ...	Veuillez trouver ci-joint ...
anfassen	toucher
anfahren	démarrer
anfertigen	fabriquer
der **Angelhaken**	le hameçon
angeln gehen	aller à la pêche
die **Angelrute**	la canne à pêche
der/die **Angestellte**	l'employé(e) (m/w)
sich **anhängen**	s'accrocher
der **Anker**	l'ancre (w)
Ankunft	l'arrivée (w)
anrufen, telefonieren	téléphoner
zu Hause **anrufen**	appelle maison
anschalten (das Licht)	allumer
Bitte **anschnallen**!	Attachez vos ceintures!
ansehen, anschauen	regarder
antreffen	rencontrer
antworten	répondre
der **Anwalt**	l'avocat (m)
die **Anwältin**	l'avocate (w)
sich **anziehen**	s'habiller
der **Apfel**	la pomme
der **Apfelbaum**	le pommier
die **Apfelsine**	l'orange (w)
die **Apotheke**	la pharmacie
der **Appetit**	l'appétit (m)
Guten **Appetit!**	Bon appétit!
die **Aprikose**	l'abricot (m)
April	avril
das **Aquarium** (Goldfischglas)	le bocal
der **Äquator**	l'Equateur (m)
zur **Arbeit** gehen	aller travailler
arbeiten	travailler
der **Arbeiter**	l'ouvrier (m)
die **Arbeiterin**	l'ouvrière (w)
die **Arbeitslosigkeit**	le chômage
der **Architekt**	l'architecte (m)
der **Arm**	le bras
das **Armband**	le bracelet
der **Artikel**	l'article (m)
der **Arzt**	le médecin
der **Atlantik**	l'Atlantique (m)
auf	sur
auf (etwas) zu	vers
aufheben	ramasser
auflegen (Telefon)	raccrocher
aufräumen	ranger ses affaires
aufschlagen (Tennis)	servir
aufstehen	se lever
aufwachen	se réveiller
(Kinder) **aufziehen**	élever
Aufzug	l'ascenseur (m)
das **Auge**	l'oeil (m) (M: les yeux)
sich die **Augen** reiben	se frotter les yeux
August	l'août (m)
Aus! (Tennis)	Out!
der **Ausgang**	la sortie
ausmachen (das Licht)	éteindre
ausrutschen	glisser
außerhalb von	hors de
sich **ausruhen**	se reposer
das **Aussehen**	la figure
aussteigen	descendre de
die **Ausstellung**	l'exposition (w)
Australien	l'Australie (w)
Ausverkauf	solde (m)
sich **ausziehen**	se déshabiller

das **Auto**	la voiture
die **Autobahn**	l'autoroute (w)
der **Autobus**	l'autobus (m)
die **Autofähre**	le carferry
das **Autorennen**	les courses (w) d'auto

B

der **Bach**	le ruisseau
das **Baby**	le bébé
die **Bäckerei**	la boulangerie
der **Backofen**	le four
das **Bad**	le bain
ein **Bad** einlaufen lassen	faire couler un bain
ein **Bad** nehmen	prendre un bain
der **Bademantel**	le peignoir (de bain)
die **Badematte**	la descente de bain
der **Bademeister**	le maître nageur
baden	se baigner
die **Badewanne**	le bain
das **Badezimmer**	la salle de bain
mit **Bad**(ezimmer)	avec salle de bain
der **Bahnhof**	la gare
der **Bahnsteig**	le quai
die **Bahnsteigkarte**	le ticket de quai
der **Balkon**	le balcon
mit **Balkon**	avec balcon
der **Ball**	la balle
das **Ballett**	le ballet
der **Ballettänzer**	le danseur de ballet
die **Ballettänzerin**	la danseuse de ballet
der **Ballon**	le ballon
die **Banane**	la banane
die (Sitz-) **Bank**	le banc
die **Bank**	la banque
der **Bankdirektor**	le directeur de banque
barfuß	pieds nus
barfuß gehen	marcher pieds nus
der **Bart**	la barbe
einen **Bart** haben	porter la barbe
basteln	bricoler
der **Bauer**	le fermier
die **Bäuerin**	la fermière
das **Bauernhaus**	le rurale
der **Bauernhof**	la ferme
der **Baum**	l'arbre (m)
die **Baumwolle**	le coton
aus **Baumwolle**	en coton
das Telefon **beantworten**	répondre au téléphone
das (Wasser-) **Becken**	le bassin
bedienen	servir
Bedienen Sie sich!/ Bedient euch!	Servez-vous!
die **Bedienung**	le service
Bedienung (nicht) inbegriffen!	Service (non) compris!
das **Beefsteak**	le bifteck
die **Beerdigung**	l'enterrement (m)
sich **beeilen**	se dépêcher
Beifall klatschen	applaudir
das **Bein**	la jambe
sich das **Bein** brechen	se casser la jambe
Belgien	la Belgique
beliebt	populaire
bellen	aboyer
das **Benzin**	l'essence (w)
der **Berg**	la montagne
bergsteigen	faire de l'alpinisme
der/die **Bergsteiger**(in)	l'alpiniste (m/w)
der **Beruf**	le métier
berühmt	célèbre
berühren	toucher
die **Besatzung**	l'équipage (m)
beschäftigt	occupé(e)
beschleunigen	accélérer
besetzt, voll	complet (complète)
besichtigen	visiter
bespritzen	éclabousser
besser	mieux
sich **besser** fühlen	se sentir mieux
(eine Prüfung) **bestehen**	être reçu(e) (à un examen)
besteigen	escalader
bestellen	commander
besuchen, besichtigen	visiter
das **Bett**	le lit
zu **Bett** gehen	aller au lit
die **Bibliothek**	la bibliothèque
die **Biene**	l'abeille (w)
das **Bier**	la bière
das **Bild**	le tableau
das **Bilderbuch**	le livre illustré
die **Binde**	le bandage
die **Biologie**	la biologie
die **Birne**	la poire
Bis bald.	A tout à l'heure.
bissig	méchant(e)
bitter	amer (amère)
blaß	pâle
das **Blatt**	la feuille
blau	bleu(e)
der **blaue** Fleck	le bleu
bleich	pâle
der **Bleistift**	le crayon
der **Blinker**	le clignotant
der **Blitz**	la foudre
blond	blond(e)
blonde Haare	les cheveux blonds
die **Blume**	la fleur
Blumen pflücken	cueillir des fleurs
Blumenbeet	le parterre
der/die **Blumenhändler**(in)	le/la fleuriste

der **Blumenkohl**	le chou-fleur
der **Blumenstrauß**	le bouquet de fleurs
die **Blumenzwiebel**	le bulbe
die **Bluse**	le chemisier
die (grünen) **Bohnen**	les haricots (verts) (m)
das **Boot**	le bateau
bösartig	méchant(e)
die **Boutique**	la boutique
der **Brand**	l'incendie (m)
die **Brandwunde**	la brûlure
braun	brun(e)
braune Haare	les cheveux bruns
die **Braut**	la mariée
der **Bräutigam**	le marié
sich das Bein **brechen**	se casser la jambe
breit	large
die **Breite**	la largeur
der **Brief**	la lettre
einen **Brief** öffnen	ouvrir une lettre
einen **Brief** schreiben	écrire une lettre
der **Briefkasten**	la boîte aux lettres
die **Briefmarke**	le timbre
Briefmarken sammeln	faire collection de timbres
die **Brieftasche**	le portefeuille
der **Briefträger**	le facteur
die **Briefträgerin**	la factrice
der **Briefumschlag**	l'enveloppe (w)
die **Brille**	les lunettes (w/M)
die **Brosche**	la broche
das **Brot**	le pain
das **Brötchen**	le petit pain
der **Bruch**	la fraction
die **Brücke**	le pont
der **Bruder**	le frère
brüllen	mugir
die **Brust**	la poitrine
brustschwimmen	nager la brasse
das **Buch**	le livre
die **Buchhandlung**	la librairie
die **Buch- und Schreibwarenhandlung**	la librairie-papeterie
die **Büchse**	la boîte
der **Buchstabe**	la lettre
bügeln	repasser
die **Bühne**	la scène
das **Bühnenbild**	le décor
das **Bullauge**	le hublot
der **Bürgersteig**	le trottoir
das **Büro**	le bureau
die **Bürste**	la brosse
sich die Haare **bürsten**	se brosser les cheveux
der **Bus**	l'autobus (m)
den **Bus** nehmen	prendre l'autobus
der **Busch**	le buisson
die **Bushaltestelle**	l'arrêt (m) d'autobus
der **Büstenhalter**	le soutien-gorge

die **Butter**	le beurre
die **Butterblume**	le bouton d'or

C

der **Campingplatz**	le camping
das **Cello**	le violoncelle
Cello spielen	jouer du violoncelle
der **Chef**	le patron, le chef
die **Chefin**	la patronne, la chef
die **Chemie**	la chimie
China	la Chine
der **Chirurg**	le chirurgien
der **Chor**	le choeur
die **Chrysantheme**	le chrysanthème
das **Comic-Heft**	le journal illustré
der **Computer**	l'ordinateur (m)

D

das **Dach**	le toit
der **Dachboden**	le grenier
Dame spielen	jouer aux dames
danken	remercier
Ich **danke** Ihnen/Euch für Ihren/Euren Brief vom ...	Je vous remercie de votre lettre du ...
Sehr gut, **danke.** (Antwort auf "Wie geht es dir?")	Très bien, merci.
Vielen **Dank**.	Merci beaucoup.
das **Datum**	la date
der **Daumen**	le pouce
davonlaufen	s'échapper
das **Deck**	le pont
das **Deckbett**	la couette
demokratisch	démocratique
denken	penser
Ich **denke** oft an Dich.	Je pense bien à toi.
das **Deutsch(e)**	l'allemand (m)
Deutschland	l'Allemagne (w)
Deutsche Demokratische Republik (DDR)	République Démocratique Allemande (R.D.A.)
Bundesrepublik Deutschland (BRD)	République Fédérale d'Allemagne (R.F.A.)
Dezember	le décembre
die **Dichtung**	la poésie
dick	gros(se)
Dienstag	le mardi
am **Dienstag**, den 2. Juni ...	mardi, le deux juin ...
die **Direktorin**	la directrice
der **Dirigent**	le chef d'orchestre
der **Disc-Jockey**	le disc jockey
die **Diskothek**	la boîte
in die **Disco** gehen	aller dans une boîte
das **Dock**	le dock
der **Donner**	le tonnerre

Donnerstag	le jeudi
ein **Doppelzimmer**	une chambre pour deux personnes
das **Dorf**	le village
die **Dose**	la boîte
drehen	tourner
drei	trois
drei Viertel	les trois quarts
das **Dreieck**	la triangle
dreißig	trente
dreizehn	treize
dringend	urgent(e)
dritte(r)	troisième
der **dritte** (nur für Daten)	le trois
ein **Drittel**	un tiers
die **Drossel**	la grive
der **Dschungel**	la jungle
dumm	idiot(e)
Es ist **dunkel**.	Il fait nuit.
Es wird **dunkel**.	La nuit tombe.
dunkelfarbig	foncé(e)
dünn	maigre
(quer) **durch**	à travers
(in einer Prüfung) **durchfallen**	rater (un examen)
Durst haben	avoir soif
die **Dusche**	la douche
sich **duschen**	prendre une douche
der **Duty-free-Shop**	le magasin hors-taxe

E

die **Ecke**	le coin
die **Ehe**	le mariage
die **Ehefrau**	la femme
der **Ehemann**	le mari
der **Ehering**	l'alliance (w)
das **Ei**	l'oeuf (m) (M: les oeufs)
Eier legen	pondre des oeufs
die **Eiche**	le chêne
das **Eichhörnchen**	l'écureuil (m)
der/die **Eigentümer**(in)	le/la propriétaire
der **Eimer**	le seau
ein(e)	un (une)
die **Einbahnstraße**	le sens unique
das **Einchecken**	l'enregistrement (m)
einfach, leicht	facile
Einfahrt verboten	sens interdit
der **Eingang**	l'entrée (w)
die **Eingangstür**	la porte d'entrée
einkaufen gehen	faire les courses
auf dem Markt **einkaufen**	faire le marché
die **Einkaufstasche**	le sac à provisions
einladen	inviter
einschlafen	s'endormir
sich **einschreiben** bei	s'inscrire à
einsteigen (Schiff, Flugzeug)	embarquer
(jemanden) **einstellen**	engager (quelqu'un)
einverstanden	d'accord
das **Einzelzimmer**	la chambre à un lit
einziehen (in eine Wohnung)	emménager
das (Speise-) **Eis**	la glace
der **Eisbär**	l'ours (m) blanc
die **Eisenbahn**	le chemin de fer
eiskalt sein	être gelé(e)
der **Eiszapfen**	le glaçon
der **Elefant**	l'éléphant (m)
die **Elektrizität**	l'électricité (w)
elf	onze
der **Ell(en)bogen**	le coude
die **Eltern**	les parents (m)
der **Empfang**	la réception
eng, schmal	étroit(e)
eng, knapp	serré(e)
das **Englisch**	l'anglais (m)
der **Enkel**	le petit-fils
die **Enkelin**	la petite-fille
die **Ente**	le canard
entfernt, weit	loin
(weit) **entfernt** von	loin de
Ist ... weit von hier **entfernt**?	Est-ce que ... est loin d'ici?
entladen	décharger
(jemanden) **entlassen**	renvoyer (quelqu'un)
entwischen	s'échapper
die **Erbse**	le petit pois
die **Erdbeere**	la fraise
die **Erde**	la terre
das **Erdgeschoß**	le rez-de-chaussée
erhalten, bekommen	recevoir
erkältet sein	être enrhumé(e)
ernten	faire la moisson
erschrocken	effrayé(e)
der **erste** (die erste)	le premier (la première)
Erste Klasse	première classe (w)
erwarten	attendre
erziehen, großziehen	élever
erzürnt	fâché(e)
der **Esel**	l'âne (m)
essen	manger
der **Essig**	le vinaigre
das **Eßzimmer**	la salle à manger
das **Etikett**	l'étiquette (w)
das **Etui**	la trousse
die **Eule**	le hibou
Europa	l'Europe (w)

F

die **Fabrik**	l'usine (w)
das **Fach** (in der Schule)	la matière

der **Faden**	le fil
fahren	conduire
der **Fahrer**	le chauffeur
der **Fahrgast**	le passager (la passagère)
der **Fahrkarten-automat**	le distributeur automatique
der **Fahrkartenschalter**	le guichet
der **Fahrplan**	l'horaire (w)
der **Fahrpreis**	le prix de la course
das **Fahrrad**	la bicyclette
Fahrrad fahren	aller à bicyclette
der **Fahrschein**	le billet
fallen lassen	laisser tomber
falsch	faux (fausse)
falsch singen	chanter faux
die **Familie**	la famille
der **Familienname**	le nom de famille
(auf-)**fangen**	attraper
die **Farbe** (Farbton)	la couleur
die **Farbe** (Material)	la peinture
der **Farbstift**	le crayon de couleur
faul	paresseux (paresseuse)
Februar	le février
die **Feder**	la plume
das **Federbett**	la couette
feiern	célébrer
das **Feingebäck**	la pâtisserie
das **Feld**	le champ
der **Feldweg**	le sentier
das **Fell**	la fourrure
der **Felsen**	le rocher
das **Fenster**	la fenêtre
die **Ferien**	les vacances (w)
in **Ferien** fahren	aller en vacances
fern	loin
der **Fernfahrer**	le routier
das **Fernrohr**	le télescope
fernsehen	regarder la télévision
der **Fernseher**	la télévision
die **Ferse**	le talon
fertig sein	avoir fini
das **Fest**	la fête
das **Feuer**	le feu
die **Feuersbrunst**	l'incendie (m)
das **Feuerwehrauto**	la voiture des pompiers
der **Feuerwehrmann**	le pompier
die **Feuerwehrwache**	la caserne des pompiers
Fieber haben	avoir de la fièvre
Fieber messen	prendre la température
der **Film** (für Fotoapparat)	la pellicule
der **Film** (im Kino)	le film
der **Finger**	le doigt
der **Fisch**	le poisson
das **Fischerboot**	le bateau de pêche
das **Fischgeschäft**	la poissonnerie
flach, seicht	peu profond(e)
die **Flagge**	le drapeau
die **Flasche**	la bouteille
das **Fleisch**, der Braten	la viande
fleißig	travailleur (travailleuse)
flicken (Kleider)	raccomoder
die **Fliege**	la mouche
fliegen	voler
der **Flügel**	l'aile (w)
der **Flugschein**	le billet d'avion
der **Flughafen**	l'aéroport (m)
das **Flugzeug**	l'avion (m)
der **Fluß**	la rivière
das **Flußpferd**	l'hippopotame (m)
flüstern	chuchoter
(ver-) **folgen**	suivre
der **Fön**	le séchoir à cheveux
die **Forelle**	la truite
die **Forke**	la fourche
die **Form**	la forme
in **Form**/fit sein	être en forme
das **Formular**	la fiche
das **Foto**	la photo
der **Fotoapparat**	l'appareil (m) photo
der **Fotograf**	le photographe
die **Fotografie**	la photographie
fotografieren	prendre une photo
das **Fotomodell**	le mannequin
die **Fracht**	la cargaison
die **Frage**	la question
eine **Frage** stellen	demander une question
fragen	demander
nach dem Weg **fragen**	demander le chemin
Frankreich	la France
das **Französisch(e)**	le français
die **Frau**	la femme
Freitag	le vendredi
der/die **Freund**(in)	l'ami(e) (m/w)
der **Friedhof**	le cimetière
friedlich	paisible
frisch	frais (fraîche)
der **Friseur**	le coiffeur
die **Friseuse**	la coiffeuse
der **Frosch**	la grenouille
der **Frost**	le gel
die **Früchte**	les fruits (m)
der **Fruchtsaft**	le jus de fruit
früher	autrefois
der **Frühling**	le printemps
das **Frühstück**	le petit déjeuner
der **Fuchs**	le renard
sich **fühlen**	se sentir
sich besser **fühlen**	se sentir mieux
sich krank **fühlen**	se sentir malade
füllen	remplir
der **Füller**	le stylo
fünf	cinq

der **fünfte** (nur für Daten)	le cinq
fünfzehn	quinze
fünfzig	cinquante
der **Fuß**	le pied
der **Fußabstreifer**	le paillasson
der **Fußball**	le ballon (de foot)
Fußball spielen	jouer au football
der **Fußboden**	le plancher
der **Fußgänger**	le piéton
die **Fußgängerin**	la piétonne
der **Fußgänger-übergang**	le passage clouté
füttern	donner à manger

G

die **Gabel**	la fourchette
gähnen	bâiller
die **Galerie**	la galerie
der **Gang**	l'allée (w)
die **Gangway**	la passerelle
die **Gans**	l'oie (w)
das **Gänseblümchen**	la pâquerette
die **Garage**	le garage
die **Garderobe**	la vestaire
der **Garten**	le jardin
die **Gartenarbeit** machen	faire le jardinage
der **Gärtner**	le jardinier
das **Gas**	le gaz
der **Gast**	l'invité (l'invitée)
das **Gatter**	la barrière
das **Gebäude**	le bâtiment
geben	donner
geblümt	à fleurs
geboren werden	naître
gebräunt	bronzé(e)
die **Geburt**	la naissance
der **Geburtstag**	l'anniversaire (m)
Alles Gute zum **Geburtstag!**	Bon anniversaire!
die **Geburtstagskarte**	la carte d'anniversaire
gegen	contre
gegen (räumlich und zeitlich)	vers
gegenüber von	en face de
die **Gegenwart**	le présent
gehen	aller
geradeaus **gehen**	aller tout droit
zu Bett **gehen**	aller au lit
zu Fuß **gehen**	aller à pied
gehorsam	obéissant(e)
die **Geige**	le violon
Geige spielen	jouer du violon
gelangweilt	ennuyeux (ennuyeuse)
gelb	jaune
das **Geld**	l'argent (m)
Geld abheben	retirer de l'argent
Geld einzahlen	mettre de l'argent en banque
Geld ausgeben	dépenser de l'argent
Geld wechseln	changer de l'argent
der **Geldbeutel**	la portemonnaie
der **Geldschein**	le billet
ein **Gelegenheitskauf**	une bonne affaire
das **Gemüse**	les légumes (m/M)
der **Gemüsegarten**	le jardin potager
die **Geographie**	la géographie
der **Gepäckanhänger**	l'étiquette (w)
die **Gepäckauf-bewahrung**	la consigne
die **Gepäckaufgabe**	l'enregistrement (m)
das **Gepäcknetz**	le filet
der **Gepäckträger**	le porteur
der **Gepäckwagen**	le chariot
gepunktet	à pois
geradeaus fahren	aller tout droit
die **Geranie**	le géranium
Ich hätte **gerne** ...	Je voudrais ...
(sehr) **gern** haben	aimer (bien), aimer (beaucoup)
die **Geschäfte**	les magasins (m/M)
geschäftig	affairé(e)
das **Geschenk**	le cadeau
die **Geschichte**	l'histoire (w)
geschickt, gewandt	adroit(e)
das **Geschirrtuch**	le torchon
geschlossen	fermé(e)
der **Geschmack**	le goût
die **Gesellschaft**	la société
das **Gesellschaftsspiel**	le jeu de société
gestern	hier
gestern abend	hier soir
gestern früh	hier matin
gestreift	à rayures
gesund	en bonne santé
geteilt durch	divisé par
das **Getreide**	le blé
das **Gewächshaus**	la serre
gewandt, geschickt	adroit(e)
die **Gewerkschaft**	le syndicat
das **Gewicht**	le poids
gewinnen	gagner
das **Gewitter**	l'orage (m)
die **Gewürze**	les épices (w/M)
die **Gewürzkräuter**	les herbes (w/M) aromatiques
gezähmt, zahm	apprivoisé(e)
gezuckert, süß	sucré(e)
gießen	verser
die **Gießkanne**	l'arrosoir (m)
der **Gipfel**	le sommet
die **Giraffe**	la girafe
die **Gitarre**	la guitare

Gitarre spielen	jouer de la guitare
das **Glas**	le verre
glatte Haare	les cheveux raides
eine **Glatze** haben	être chauve
gleich, ähnlich	pareil(le)
das **Gleis**	la voie
gleiten	glisser
die **Glocke**	la cloche
das **Glück**	la chance
Viel **Glück!**	Bonne chance!
Viel **Glück** zum Geburtstag!	Bon anniversaire!
glücklich	heureux (heureuse)
glücklich sein	être heureux (heureuse)
das **Gold**	l'or (m)
aus **Gold**	en or
der **Goldfisch**	le poisson rouge
Golf spielen	faire du golf
der **Golfschläger**	le club de golf
der **Gorilla**	le gorille
graben	creuser
die **Grammatik**	la grammaire
das **Gras**	l'herbe (w)
gratulieren	féliciter
grau	gris(e)
groß (sein)	(être) grand(e)
Großbritannien	la Grande-Bretagne
der **Großbuchstabe**	la majuscule
die **Größe** (Kleider)	la taille
Welche **Größe** ist dies?	C'est quelle taille?
die **Großmutter**	la grand-mère
die **Großstadt**	la grande ville
der **Großvater**	le grand-père
grün	vert(e)
der **Grundbesitz**	l'immeuble (m)
die **Grundschule**	l'école primaire (w)
Grüße und Küsse	Bons baisers
die **Gummistiefel**	les bottes (w) de caoutchouc
der **Gürtel**	la ceinture
gut (Adverb)	bien
gut (Adjektiv)	bon(ne)
Gut! (Tennis)	In!
Guten Morgen!	Bonjour
Gute Nacht!	Bonne nuit
der **Güterzug**	le train de marchandises
das **Gymnasium**	le lycée
im **Gymnasium**	au lycée
die **Gymnastik**	la gymnastique

H

die **Haare**	les cheveux (m/M)
... **Haare** haben	avoir les cheveux ...
blonde **Haare**	les cheveux blonds
braune **Haare**	les cheveux bruns
glatte **Haare**	les cheveux raides
lockige **Haare**	les cheveux frisés
rote **Haare**	les cheveux roux
sich die **Haare** bürsten	se brosser les cheveux
sich die **Haare** fönen	se sécher les cheveux
sich die **Haare** waschen	se laver les chesveux
haben	avoir
der **Hafen**	le port
der **Hagel**	la grêle
der **Hahn**	le coq
der (Wasser-) **Hahn**	le robinet
ein **Halb**	un demi
Hallo	Bonjour
Hallo (nur am Telefon)	Allô
der **Hals**	le cou
die **Halskette**	le collier
halten	tenir
der **Hammer**	le marteau
der **Hamster**	la hamster
die **Hand**	la main
die **Hand** geben	serrer la main à
der/die **Handels-vertreter**(in)	le/la représentant(e) de commerce
das **Handgelenk**	le poignet
sich das **Handgelenk** verstauchen	se fouler le poignet
das **Handgepäck**	les bagages (m/M) à main
der **Händler**	le marchand
die **Händlerin**	la marchande
die **Handschuhe**	les gants (m)
die **Handtasche**	le sac à main
das **Handtuch**	la serviette
hart	dur(e)
der **Hauptgang** (Essen)	le plat principal
das **Haus**	la maison
der **Hausmeister**	le concierge
die **Hausmeisterin**	la concièrge
die **Hausschuhe**	le pantouffles (w)
die **Haut**	la peau
die **Hautfarbe**	le teint
das **Heft**	le cahier
das **Heftpflaster**	le sparadrap
heilen	guérir
der **Heilige Abend**	la veille de Noël
die **Heirat**	le mariage
heiraten	se marier
heiß, warm	chaud(e)
heißen	s'appeler
Er **heißt** ...	Il s'appelle ...
Wie **heißt** du?	Comment t'appelles-tu?
der **Heizkörper**	le radiateur
der **Held**	le héros
die **Heldin**	l'héroïne (w)
helfen	aider
Es ist **hell**, es ist Tag.	Il fait jour.

das **Hemd**	la chemise
die **Henne**	la poule
der **Herbst**	l'automne (m)
die **Herde**	le troupeau
herstellen	fabriquer
das **Heu**	le foin
die **Heugabel**	la fourche
heute	aujourd'hui
heute abend	ce soir
heute früh	ce matin
heutzutage, jetzt	de nos jours
die **Himbeere**	la framboise
der **Himmel**	le ciel
hinausgehen	sortir
hinein	dans
sich **hinlegen**	s'allonger
(etwas) **hinlegen**	déposer
hinten, nach hinten	en arrière
hinter	derrière
die **Hochzeit**	les noces (w/M)
die **Hochzeitsreise**	le voyage de noces
der **Höcker**	la bosse
höflich	poli(e)
die **Höhe**	la hauteur
holen	aller chercher
das **Holz**	le bois
aus **Holz**	en bois
der **Honig**	le miel
(zu-) **hören**	écouter
Musik **hören**	écouter la musique
Radio **hören**	écouter la radio
der **Hörer** (Telefon)	le récepteur
die **Hose**	le pantalon
die kurze **Hose**	la culotte
das **Hotel**	l'hôtel (m)
hübsch	joli(e)
der **Hügel**	la colline
das **Hühnchen**	le poulet
der **Hühnerhof**	la basse-cour
der **Hühnerstall**	le poulailler
der **Hund**	le chien
der junge **Hund**	le petit chien
der bissige **Hund**	le chien mechant
die **Hundehütte**	la niche
hundert	cent
Hunger haben	avoir faim
die **Hupe**	le klaxon
der **Hut**	le chapeau

I

der **Igel**	le hérisson
die **Illustrierte**	le magazine
in	dans
Indien	l'Inde (w)
die **Informatik**	l'informatique (w)
das **Instrument**	l'instrument (m)
interessant	intéressant(e)
interviewen	interviewer
Italien	l'Italie (w)

J

ja	oui
die **Jacke**	le blouson
das **Jahr**	l'an (m)
das **Jahr** (Dauer)	l'année (w)
die **Jahreszeit**	la saison
Januar	le janvier
Japan	le Japon
die **Jeans**	le jean
jemand	quelqu'un
jetzt, heutzutage	de nos jours
joggen	faire du jogging
der **Joghurt**	le yaourt
der/die **Journalist**(in)	le/la journaliste
Juli	le juillet
jung	jeune
der **Junge**	le garçon
jünger als	plus jeune que
Juni	le juin

K

der **Kabeljau**	le cabillaud
die **Kabine**	la cabine
der **Kaffee**	le café
die **Kaffeekanne**	la cafetière
der **Käfig**	la cage
das **Kalbfleisch**	le veau
der **Kalender**	le calendrier
kalt	froid(e)
Es ist **kalt**.	Il fait froid.
das **kalte** Wasser	l'eau (w) froide
das **Kamel**	le chameau
die **Kamera**	la caméra
der **Kamin**	la cheminée
der **Kamm**	le peigne
sich **kämmen**	se peigner les cheveux
Kanada	le Canada
das **Känguruh**	le kangourou
das **Kaninchen**	le lapin
das **Kanu**	le canoë
der **Kapitän**	le capitaine
die **Karotte**	la carotte
die **Karte**	la carte
Karten spielen	jouer aux cartes
die **Kartoffel**	la pomme de terre
das **Karussell**	le manège
der **Käse**	le fromage
die **Kasse**	la caisse
die (Kino-) **Kasse**	le guichet
die **Kassette**	la cassette
der **Kassierer**	le caissier
die **Kassiererin**	la caissière
die **Katastrophe**	la catastrophe
die **Kathedrale**	la cathédrale

das **Kätzchen**	le chaton
die **Katze**	le chat, la chatte
kaufen	acheter
das **Kaufhaus**	le grand magasin
der **Kegel**	le cône
der **Keks**	le biscuit
die **Kelle**	la truelle
der **Keller**	la cave
der **Kellner**	le garçon
die **Kellnerin**	la serveuse
kentern	chavirer
die **Kerze**	la bougie
ein **Kilo**	un kilo
Ein **Kilo** ...	Un kilo de ...
Ein halbes **Kilo** ...	Une livre de ...
das **Kind**	l'enfant (m)
das **Kinderbett**	le lit d'enfant
der **Kindergarten**	l'école (w) maternelle
im **Kindergarten**	à la maternelle
die **Kindheit**	l'enfance (w)
das **Kinn**	le menton
das **Kino**	le cinéma
ins **Kino** gehen	aller au cinéma
die **Kirche**	l'église (w)
die **Kirsche**	la cerise
(Beifall) **klatschen**	applaudir
der **Klatschmohn**	le coquelicot
die **Klasse**	la classe
1. Klasse	première classe (w)
2. Klasse	deuxième classe (w)
das **Klassenzimmer**	la salle de classe
die **klassische Musik**	la musique classique
das **Klavier**	le piano
Klavier spielen	jouer du piano
kleben	coller
das **Kleid**	la robe
die **Kleidung**	les vêtements (m/M)
klein (sein)	(être) petit(e)
das **Kleingeld**	la monnaie, la petite monnaie
der **Klempner**	le plombier
klettern	grimper
auf einen Baum **klettern**	grimper un arbre
das **Klima**	le climat
die **Klingel**	la sonnette
klingeln, läuten	sonner (à la porte)
klopfen	taper
das **Knie**	le genou
knien	être à genoux
der **Knoblauch**	l'ail (m)
der **Knöchel**	la cheville
der **Knopf**	le bouton
knurren	gronder
kochen	faire la cuisine
der **Kocher**	le réchaud
der **Kochtopf**	la casserole
der **Köder**	l'amorce (w)
der **Koffer**	la valise
der **Kofferraum**	le coffre
der **Kohl**	le chou (M: les choux)
die **Konditorei**	la pâtisserie
die **Konfitüre**	la confiture
die **Konserven**	les conserves (w)
der **Kontinent**	le continent
der **Kontrolleur**	le contrôleur
die **Kontrollbeamtin**	la contrôleuse
der **Kopf**	la tête
die **Kopfhörer**	les écouteurs (m)
das **Kopfkissen**	l'oreiller (m)
Kopfschmerzen haben	avoir mal à la tête
der (Einkaufs-) **Korb**	le panier
der **Körper**	le corps
kosten	coûter
Es/Das **kostet** ...	Ça coûte ...
köstlich	délicieux (délicieuse)
das **Kostüm**	le costume
die **Krabbe**	le crabe
die (Gewürz-) **Kräuter**	les herbes (w/M) aromatiques
die **Kralle**	la griffe
krank	malade
sich **krank** fühlen	se sentir malade
das **Krankenhaus**	l'hôpital (m)
der **Krankenpfleger**	l'infirmier (m)
die **Krankenschwester**	l'infirmière (w)
die **Krankentrage**	le brancard
der **Krankenwagen**	l'ambulance (w)
der **Krapfen**	le beignet
kraulen	nager le crawl
die **Krawatte**	la cravate
die **Kreditkarte**	la carte de crédit
die **Kreide**	la craie
der **Kreis**	le cercle
der **Krug**	le pot
die **Küche**	la cuisine
der **Kuchen**	le gâteau
der **Kugelschreiber**	le stylo-bille (M: les stylos-bille)
die **Kuh**	la vache
der **Kühlschrank**	le frigidaire
der **Kuhstall**	l'étable (w)
der/die **Kunde**(in)	le/la client(e)
der/die **Künstler**(in)	l'artiste (m/w)
kurz	court(e)
das **Kurzwaren-geschäft**	la mercerie
die **Kusine**	la cousine
einen **Kuß** geben	faire la bise à
an der **Küste** (Meer)	au bord de la mer

L

lachen	rire
laut heraus**lachen**	éclater de rire

lächeln	sourire
der **Lachs**	le saumon
laden	charger
der **Ladentisch**	le comptoir
der **Laderaum** (Schiff)	la cale
die **Ladung**	la cargaison
das **Laken**	le drap
das **Lamm**	l'agneau (m)
die **Lammkeule**	le gigot d'agneau
die **Lampe**	la lampe
das **Land**, ländliche Gegend	la campagne
das **Land** (Heimat)	le pays
landen	atterrir
das kleine **Landhaus**	la chaumière
die **Landkarte**	la carte
die **Landschaft**	le paysage
die **Landstraße**	la route
lang(e)	long(ue)
die **Länge**	la longueur
langsam	lent(e)
langweilig, gelangweilt	ennuyeux (ennuyeuse)
lassen	laisser
fallen **lassen**	laisser tomber
der **Lastwagen**	le camion
die **Latzhose**	la salopette
laufen	courir
laut, lärmend	bruyant(e)
läuten	sonner
der **Lautsprecher**	le haut-parleur
das **Leben**	la vie
das **Lebensmittel-geschäft**	l'épicerie (w)
leer	vide
(aus-) **leeren**	vider
die **Leerungszeiten**	les heures (w) de levée
legen, stellen, setzen	mettre
der **Lehrer**	le professeur
leicht	léger (légère)
leicht sein	peser peu
leicht, einfach	facile
die **Leichtathletik**	l'athlétisme (m)
die **Leiter**	l'échelle (w)
das **Lenkrad**	le volant
lernen	apprendre
lesen	lire
ein Buch **lesen**	lire un livre
eine Geschichte (vor-) **lesen**	lire une histoire
letzter, letzte	dernier, dernière
leuchtend (für Farben)	vif (vive)
die **Libelle**	la libellule
das **Licht**	la lumière
Liebe(r) ...	Cher ... (Chère ...)
lieben	aimer
der **Lieferwagen**	la camionnette
liegen	être allongé(e)
die **Liegenschaft**	l'immeuble (m)
das **Lineal**	la règle
links	à gauche
die **linke** Seite	le côté gauche
die **Linke** (in Politik)	la gauche
die **Lippe**	la lèvre
der **Lippenstift**	le rouge à lèvres
die **Liste**	la liste
eine **Liste** machen	faire une liste
der **Liter**	le litre
ein **halber Liter**	un demi-litre
der **Löffel**	la cuillère
der **Lohn**	le salaire
die **Lokomotive**	la locomotive
löschen (Licht)	éteindre
losfahren	démarrer
der **Löwe**	le lion
mit **Luftpost**	par avion
lustig	drôle

M

machen	faire
eine Prüfung **machen**	passer un examen
das **Mädchen**	la fille
der **Magen**	l'estomac (m)
Magenschmerzen haben	avoir mal au ventre
mähen	tondre
den Rasen **mähen**	tondre la pelouse
Mai	le mai
das **Make-up**	le fond de teint
mal (Mathematik)	fois
malnehmen	multiplier
malen	peindre
der **Mann**	l'homme (m)
die **Mannschaft**	l'équipe (w)
der **Mantel**	le manteau
die **Mappe**	le cartable
die **Margarine**	la margarine
die **Margerite**	la marguerite
marineblau	bleu(e) marine
der **Markt**	le marché
auf dem **Markt** einkaufen	faire le marché
der **Marktplatz**	la place du marché
der **Marktstand**	l'étalage (m)
marschieren, gehen	marcher
März	mars
die **Mathematik**	les maths (w/M)
der **Matrose**	le marin
matt (für Farben)	terne
der **Maulwurf**	la taupe
der **Maurer**	le maçon
die **Maus**	la souris
der/die **Mechaniker**(in)	le/la mécanicien(ne)
die **Medien**	les medias (m)

das **Meer**	le mer
am **Meer**	au bord de la mer
die **Meeresfrüchte**	les fruits de mer (m)
das **Meerschweinchen**	le cochon d'Inde
das **Mehl**	la farine
die Kühe **melken**	traire les vaches
die **Melodie**	l'air (m)
die **Melone**	le melon
die **Menge**	la foule
messen	mesurer
das **Messer**	le couteau
das **Metall**	le métal
aus **Metall**	en métal
der **Meter**	le mètre
die **Metzgerei**	la boucherie
miauen	miauler
der **Mieter**	le locataire
die **Mieterin**	la locataire
die **Milch**	le lait
die **Milchstraße**	la galaxie
eine **Million**	un million
das **Mineralwasser**	l'eau (w) minérale
der **Ministerpräsident**	le premier ministre
minus (Mathematik)	moins
die **Minute**	la minute
mischen	mélanger
die **Mistgabel**	la fourche
mit	avec
das **Mitglied**	le membre
Mitglied sein von	être membre de
der **Mittag**	le midi
das **Mittagessen**	le déjeuner
die **Mittagszeit**	l'heure (w) du déjeuner
die **Mitte**	le centre
die **Mitteilung**	le message
mittel (Kleidergröße)	moyen
Mitternacht	minuit
Mittwoch	le mercredi
Möbel (Möbel-abteilung)	l'ameublement (m)
modisch	à la mode
das **Mofa**	la mobylette
die **Möhre**	la carotte
der **Monat**	le mois
die **Monatskarte**	la carte d'abonnement
der **Mond**	la lune
Montag	le lundi
am nächsten **Montag**	lundi prochain
der/am **Morgen**	le matin
Guten **Morgen**/Tag	Bonjour
morgen	demain
morgen abend	demain soir
morgen früh	demain matin
gestern **morgen**	hier matin
heute **morgen**	ce matin
das **Morgengrauen**	l'aube (w)
der **Morgenmantel**	le peignoir
das **Motorboot**	le hors-bord
die **Motorhaube**	le capot
das **Motorrad**	le moto
die **Möwe**	la mouette
die **Mücke**	le moustique
müde sein	avoir sommeil
der **Müllmann**	le boueux
multiplizieren	multiplier
der **Mund**	la bouche
die **Münze**	la pièce de monnaie
die **Muschel**	le coquillage
die **Musik**	la musique
Musik hören	écouter la musique
die klassische **Musik**	la musique classique
die Pop-**Musik**	la musique pop
der/die **Musiker**(in)	le/la musicien(ne)
das **Muster**	le patron
mutig	courageux (courageuse)
die **Mutter**	la mère
die (Schirm-) **Mütze**	la casquette
N	
(**nach**) hinten	en arrière
(**nach**) oben	en haut
der/die **Nachbar**(in)	le/la voisin(e)
nachlässig	négligent(e)
der/am **Nachmittag**	l'après-midi (m oder w)
die **Nachrichten**	les informations
die **Nachspeise**	le dessert
nächste(r), folgende(r)	prochain(e)
die **Nacht**	la nuit
Gute **Nacht**	Bonne nuit
das **Nachthemd**	la chemise de nuit
der **Nachttisch**	la table de chevet
das **Nachttisch-lämpchen**	la lampe de chevet
nackt	nu(e)
die **Nadel**	l'aiguille (w)
nahe bei	près de
nähen	coudre
der **Name**	le nom
die **Nase**	le nez
naß (bis auf die Haut)	trempé(e) (jusqu'aux os)
der **Nebel**	le brouillard
Es ist **neblig**.	Il fait du brouillard.
neben	à côté de
der **Neffe**	le neveu
nehmen	prendre
nein, nicht	non
das **Nest**	le nid
nett	gentil(le)
das **Netz**	le filet
neu	neuf (neuve)
der **Neujahrstag**	le jour de l'An
Glückliches **Neues Jahr!**	Bonne année!
neun	neuf

neunzehn	dix-neuf
neunzig	quatre-vingt-dix
Neuseeland	la Nouvelle-Zélande
nicht, nein	non
die **Nichte**	la nièce
Nichtraucher	Non-fumeurs
nichts	(ne ...) rien
niederknien	s'agenouiller
die **Niederlande**	les Pays-Bas (m)
niedlich	mignon(ne)
niesen	éternuer
der **Norden**	le nord
der **Nordpol**	le Pôle Nord
die (Geld-) **Note**	le billet
der **Notfall**	la catastrophe
die **Notfallstation**	le service des urgences
November	le novembre
die **Nudeln**	les nouilles (w)
null	zéro
die **Nummer**	le numéro
die **Nummer wählen** (am Telefon)	composer le numéro
das **Nummernschild**	la plaque d'immatriculation
nützlich	utile

O

oben, nach oben	en haut
der **Obstgarten**	le verger
oder	ou
der **Ofen**	le four
offen	ouvert(e)
öffnen	ouvrir
einen Brief **öffnen**	ouvrir une lettre
ohne	sans
in **Ohnmacht** fallen	s'évanouir
das **Ohr**	l'oreille (w)
die **Ohrringe**	les boucles (w) d'oreille
Oktober	l'octobre (m)
das **Öl**	l'huile (w)
der **Onkel**	l'oncle (m)
die **Oper**	l'opéra (w)
die **Operation**	l'opération (w)
der **Operationssaal**	la salle d'opération
orangefarben	orange
das **Orchester**	l'orchestre (m)
der **Osten**	l'est (m)
Österreich	l'Autriche (w)
die **Osterglocke**	la jonquille
Ostern	Pâques

P

seinen Koffer **packen**	faire sa valise
die **Packung**	le paquet
das (Post-) **Paket**	le colis
die **Panne**	la panne
eine **Panne** haben	tomber en panne
das **Papier**	le papier
das **Parfüm**	le parfum
der **Park**	le parc
parken	garer la voiture
Parken verboten!	Stationnement interdit!
der **Parkplatz**	le parking
das **Parlament**	le parlement
die **Partei**	le parti
der **Paß**	le passeport
das **Passagierschiff**	le paquebot
die **Pastete**	le pâté
die **Pause**	le récréation
der **Pausenhof**	la cour de récréation
der **Pazifik**	le Pacifique
die **Pension**	la pension
der **Pfad**	le sentier
der **Pfarrer**	le curé
der **Pfeffer**	le poivre
das **Pferd**	le cheval
die **Pferderennen**	les courses (w/M) hippiques
der **Pferdestall**	l'écurie (w)
der **Pfirsich**	la pêche
pflanzen	planter
die **Pflaume**	la prune
pflücken	cueillir
Blumen **pflücken**	cueillir des fleurs
pflügen	labourer
die **Pfote**	la patte
ein **Pfund**	une livre
Ein **Pfund** ...	Une livre de ...
die **Pfütze**	la flaque d'eau
die **Physik**	la physique
das **Picknick**	le pique-nique
der **Pilot**	le pilote
die **Pilotin**	la femme-pilote
der **Pinguin**	le pingouin
der **Pinsel**	le pinceau
die **Piste**	la piste
das **Plakat**	l'affiche (w)
der **Planet**	la planète
das **Plastik**	le plastique
aus **Plastik**	en plastique
planschen, waten	barboter
die (Schall-) **Platte**	le disque
der **Plattenladen**	le marchand de disques
der **Plattenspieler**	le tourne-disque
der (Sitz-) **Platz**	la place
die **Platzanweiserin**	l'ouvreuse (w)
plaudern	bavarder
plus (Mathematik)	plus
die **Politik**	la politique
die **Polizei**	la police
die **Polizei** rufen	appeler police secours
das **Polizeirevier**	le commissariat de police
das **Polizeiauto**	la voiture de police

der/die **Polizist**(in)	l'agent (m/w) de police
der **Pony**	une frange
die **Popmusik**	la musique pop
populär	populaire
die **Post**	la poste
die **Post** (Briefe usw.)	le courrier
zur **Post** bringen	mettre à la poste
die **Postkarte**	la carte postale
die **Postleitzahl**	le code postal
postwendend	par retour du courrier
der **Präsident/** die **Präsidentin**	le/la président(e)
der **Preis**	le prix
preiswert	bon marché
Das ist **preiswert**.	C'est bon marché.
der/die **Premier-minister**(in)	le/la premier ministre
die **Prüfung**	l'examen (m)
eine **Prüfung** machen	passer un examen
eine **Prüfung** bestehen	être reçu(e) à un examen
durch eine **Prüfung** fallen	rater un examen
der **Pullover**	le pullover
der **Puls**	le pouls
den **Puls** messen	prendre le pouls
der **Punkt**	le point
pünktlich	à l'heure
pünktlich sein	arriver à l'heure

Q

das **Quadrat**	le carré
das **Quartal**	le trimestre
die **Quittung**	le reçu

R

das **Rad**	la roue
der **Radiergummi**	la gomme
das **Radio**	la radio
Radio hören	écouter la radio
der **Rasen**	la pelouse
den **Rasen** mähen	tondre la pelouse
der **Rasenmäher**	la tondeuse
der **Rasierapparat**	le rasoir électrique
der **Rasierer**	le rasoir
sich **rasieren**	se raser
der **Rasierschaum**	la crème à raser
das **Rathaus**	l'hôtel (m) de ville
der **Rauch**	la fumée
das **Raumschiff**	l'engin (m) spatial
der **Rechen**	le râteau
rechnen	faire des calculs
die **Rechnung**	l'addition (w)
rechts	à droite
die **rechte** Seite	le côté droit
die **Rechte** (Politik)	la droite
das **Rechteck**	le rectangle
der **Rechtsanwalt/** die **Rechtsanwältin**	l'avocat (m/w)
die **Rechtschreibung**	l'orthographe (w)
der **Regen**	la pluie
der **Regenbogen**	l'arc-en-ciel (m)
der **Regenmantel**	l'imperméable (m)
der **Regenschirm**	le parapluie
der **Regentropfen**	la goutte de pluie
die **Regierung**	le gouvernement
regnen	pleuvoir
Es **regnet**.	Il pleut.
reif	mûr(e)
der **Reifen** (beim Auto)	le pneu
einen platten **Reifen** haben	avoir un pneu crevé
der **Reis**	le riz
der **Reisebus**	l'autocar (m)
reisen	voyager
der **Reisende**	le voyageur
die **Reisende**	la voyageuse
der **Reißverschluß**	la fermeture élair
der **Rektor**	le directeur
die **Rektorin**	la directrice
das **Rennen**	la course
in **Rente** gehen	prendre sa retraite
reparieren	réparer
reservieren	réserver
einen Sitzplatz **reservieren**	réserver une place
ein Zimmer **reservieren**	réserver une chambre
der **reservierte** Platz	la place reservée
das **Restaurant**	le restaurant
die **Retourfahrkarte**	le billet aller retour
das (Koch-) **Rezept**	la recette
das **Rezept** (vom Arzt)	l'ordonnance (w)
der **Richter**	le juge
die **Richtung**	le sens
verbotene (Fahrt-) **Richtung**	sens interdit (m)
riesig	énorme
der **Ring**	la bague
der **Rock**	la jupe
roh	cru(e)
die **Rolltreppe**	l'escalier (m) roulant
der **Roman**	le roman
rosa	rose
die **Rose**	la rose
der **Rosenkohl**	le chou de Bruxelles
rot	rouge
rote Haare	les cheveux roux
der **Rücken**	le dos
rückenschwimmen	nager sur le dos
die **Rückfahrkarte**	le billet aller retour
der **Rucksack**	le sac à dos
rückwärts	en arrière
das **Ruder**	la rame

das **Ruderboot**	le canot à rames
rudern	ramer
ruhig	calme
runzeln	froncer
die Stirn **runzeln**	froncer les sourcils
der **Rüssel**	la trompe
die **Rutschbahn**	le toboggan

S

säen	semer
der **Saft**	le jus
die **Säge**	la scie
sagen	dire
die **Sahne**	la crème
die **Saisonfahrkarte**	la carte d'abonnement
der **Salat**	la salade
das **Salz**	le sel
die **Samen**	les graines (w)
sammeln	faire collection de
Briefmarken **sammeln**	faire collection de timbres
die **Sammlung**	la collection
Samstag	samedi (m)
der **Sand**	le sable
die **Sandalen**	les sandales (w)
die **Sandburg**	le château de sable
sanft	doux (douce)
der **Sänger**	le chanteur
die **Sängerin**	la chanteuse
säumen	ourler
der **Satz**	la phrase
sauber	propre
Schach spielen	jouer aux échecs
das **Schaf**	le mouton
der **Schäferhund**	le chien de berger
der **Schal**	l'écharpe (w)
die **Schale**	le bol
das **Schampoo**	le shampooing
scharf (auf dem Foto)	au point
der **Schatten**	l'ombre (w)
die **Schaufel**	la pelle
das **Schaufenster**	la vitrine
einen **Schaufenster-bummel** machen	faire du lèche-vitrines
die **Schaukel**	la balançoire
der **Schauspieler**	l'acteur (m)
die **Schauspielerin**	l'actrice (w)
der **Scheck**	le chèque
einen **Scheck** ausstellen	faire un chèque
das **Scheckheft**	le carnet de chèques
scheinen	briller
Die Sonne **scheint.**	Le soleil brille.
der **Scheinwerfer** (beim Auto)	la phare
der **Scheinwerfer** (Bühne)	le projecteur

(be-) **schenken**	offrir
die **Schere**	les oiseaux (m)
die **Scheune**	la grange
schicken	envoyer
Ich **schicke** Dir ... getrennt ...	Je t'envoie ... séparément ...
der **Schiedsrichter**	l'arbitre (m)
das **Schiff**	le navire
mit dem **Schiff** fahren	aller en bateau
die **Schildkröte**	la tortue
das **Schilf**	le roseau
der **Schinken**	le jambon
der **Schirm**	le parapluie
der **Schlafanzug**	le pyjama
schlafen	dormir
die **Schlafenszeit**	l'heure (w) d'aller se coucher
schläfrig sein	avoir sommeil
der **Schlafsack**	le sac de couchage
Schlaft gut!	Dormez-bien.
der **Schlafwagen**	le wagon-lit
das **Schlafzimmer**	la chambre à coucher
die **Schlange**	le serpent
Schlange stehen	faire la queue
schlank	mince
schließen	fermer
der **Schlitten**	la luge
schmal, eng	étroit(e)
Es **schmeckt** ausgezeichnet.	C'est très bon.
der **Schmetterling**	le papillon
sich **schminken**	se maquiller
der **Schmuck**	les bijoux (m)
schmutzig	sale
der **Schnabel**	le bec
schnarchen	ronfler
der **Schnee**	la neige
Es **schneit.**	Il neige.
der **Schneemann**	le bonhomme de neige
schnell	rapide
der **Schnellzug**	le rapide
schnurren	ronronner
der **Schnurrbart**	la moustache
einen **Schnurrbart** haben	porter la moustache
die **Schokolade**	le chocolat
schön	beau, bel (belle)
Es ist **schön.** (Wetter)	Il fait beau.
der **Schornstein**	la cheminée
der **Schraubenzieher**	le tournevis
schreiben	écrire
einen Brief **schreiben**	écrire une lettre
das **Schreibpapier**	le papier à lettres
schreien	crier
die **Schreinerei**	la menuiserie
die **Schubkarre**	la brouette
schüchtern	timide

die **Schuhe**	les chaussures (w/M)
der **Schulbeginn**	la rentrée
das **Schulende**	la fin de trimestre
der **Schüler**	l'élève (m)
die **Schülerin**	l'élève (w)
die **Schulter**	l'épaule (w)
der **Schuppen**	l'appentis (m)
schütteln	agiter
schwach	faible
der **Schwanz**	la queue
mit dem **Schwanz** wedeln	remuer la queue
schwarz	noir(e)
das **Schwein**	le cochon
das **Schweinekotelett**	la côte de porc
die **Schweiz**	la Suisse
schwer	lourd(e)
schwer sein	peser lourd
die **Schwester**	la soeur
schwierig	difficile
das **Schwimmbecken**	la piscine
schwimmen	nager
schwitzen	transpirer
sechs	six
sechzehn	seize
sechzig	soixante
der **See**	le lac
seekrank sein	avoir le mal de mer
der **Seemann**	la marin
die **Seezunge**	la sole
seicht, flach	peu profond(e)
die **Seife**	le savon
sein	être
die **Seite**	le côté
die linke **Seite**	le côté gauche
die rechte **Seite**	le côté droit
der/die **Sekretär**(in)	le/la secrétaire
die **Sekunde**	la seconde
der **Sender**	la chaîne
die **Sendung**	l'émission (w)
der **Senf**	la moutarde
September	le septembre
servieren	servir
die **Serviette**	la serviette de table
der **Sessel**	le fauteuil
der **Sessellift**	le télésiège
setzen, stellen, legen	mettre
sich setzen	s'asseoir
sich ans Feuer **setzen**	s'asseoir au coin du feu
der **Sicherheitsgurt**	la ceinture de sécurité
die (Aus-) **Sicht**	la vue
sieben	sept
siebzehn	dix-sept
siebzig	soixante-dix
das **Silber**	l'argent (m)
aus **Silber**	en argent
Silvester	le Réveillon

singen	chanter
falsch **singen**	chanter faux
sitzen	être assis(e)
Skandinavien	la Scandinavie
die **Skier**	les skis (m)
skifahren	faire du ski
das **Skigebiet**	le station de ski
die **Skischuhe**	les chaussures (w) de ski
der **Skistock**	le bâton de ski
der **Slip**	le slip
die **Socken**	les chaussettes (w)
das **Sofa**	le canapé
der (einzige) **Sohn**	le fils (unique)
der **Soldat**	le soldat
der **Sommer**	l'été (m)
die **Sommersprossen**	les taches (w) de rousseur
die **Sonne**	le soleil
Die **Sonne scheint.**	Le soleil brille.
der **Sonnenaufgang**	le lever du soleil
sonnenbaden	se bronzer
die **Sonnenbrille**	les lunettes (w) de soleil
die **Sonnencreme**	la crème solaire
der **Sonnenschirm**	le parasol
der **Sonnenuntergang**	le coucher du soleil
Sonntag	le dimanche (m)
sorgfältig	soigneux (euse)
sortieren	trier
Spanien	l'Espagne (w)
das **Spanisch**	l'espagnol (m)
zu **spät** dran sein	être en retard
der **Spaten**	la bêche
der **Spatz**	le moineau
spazieren gehen	faire une promenade
den Hund **spazieren** führen	promener le chien
der **Spaziergang**	la promenade
die **Speisekarte**	la carte
der **Speisewagen**	le wagon-restaurant
der **Sperling**	le moineau
die **Sperre** (Bahnhof)	la barrière
der **Spiegel**	la glace
das **Spiel**	le jeu (M: les jeux)
spielen	jouer
der **Spieler**	le joueur
die **Spielerin**	la joueuse
das **Spielfeld**	le terrain
die **Spielwaren**	les jouets (m/M)
das **Spielzeug**	le jouet
der **Spinat**	les épinards (m/M)
die **Spinne**	l'araignée (w)
die **Spitze**	le sommet
der **Sport**	le sport
die **Sportausrüstung**	l'équipement (m) de sport
der **Sportlehrer**	le moniteur

die **Sportlehrerin**	la monitrice
der (Kinder-) **Sportwagen**	la poussette
springen, tauchen	plonger
die **Spritze**	la piqûre
das **Sprungbrett**	le plongeoir
das **Spülbecken**	l'évier (m)
spülen (Geschirr)	faire la vaisselle
Squash spielen	jouer au squash
die **Stadt**	la ville
die **Stadtmitte**	le centre-ville
das **Stadtviertel**	le quartier
das **Stangenbrot**	la baguette
stark	fort(e)
die **Start- und Landebahn**	la piste
starten	décoller
die **Statue**	la statue
staubsaugen	passer l'aspirateur (m)
stechen	piquer
die **Steckdose**	la prise
die **Stecknadel**	l'épingle (w)
der **Steg**	la passerelle
stehen	être debout
stehlen	voler
steil	escarpé(e)
stellen, setzen, legen	mettre
eine Frage **stellen**	poser une question
(hoch-) **steigen**	monter
die Treppe hinunter**steigen**	descendre l'escalier
die Treppe hoch**steigen**	monter l'escalier
sterben	mourir
der **Stern**	l'étoile (w)
das **Sternsystem**	la galaxie
die **Steuern**	les impôts (m)
der **Steward**	le steward
die **Stewardeß**	l'hôtesse (w) de l'air
die **Stiefel**	les bottes (w)
der **Stift**	le crayon
das **Stirnband**	le bandeau
der **Stock**	l'étage (m)
der erste **Stock**	le premier étage
der zweite **Stock**	le deuxième étage
der **Stoff**	le tissu
stopfen (Strumpf usw.)	raccomoder
der **Stöpsel**	le bouchon
stoßen, schieben	pousser
der **Stoßzahn**	la défense
der **Strand**	la plage
die **Straße**	la rue
die **Straße** überqueren	traverser la rue
die **Straßenlaterne**	le réverbère
der **Strauß**	le bouquet
der **Strauß** (Vogel)	l'autruche (w)
sich **strecken**	s'étrier
stricken	tricoter
die **Stricknadeln**	les aiguilles (w) à tricoter
der **Strohballen**	le balle de paille
die **Strumpfhose**	les collants (m)
der/die **Student**(in)	l'étudiant(e) (m/w)
studieren	étudier
der **Stuhl**	la chaise
die **Stunde**	l'heure (w)
der **Stundenplan**	l'emploi (m) du temps
sich **stützen** auf	s'appuyer sur
subtrahieren	soustraire
suchen	chercher
Südamerika	l'Amérique (w) du Sud
der **Süden**	le sud
der **Südpol**	le Pôle Sud
der **Supermarkt**	le supermarché
zum **Supermarkt** gehen	aller au supermarché
die **Suppe**	le potage
süß, gezuckert	sucré(e)
sympathisch	sympathique

T

das **T-Shirt**	le tee-shirt
das **Tablett**	le plateau
die **Tablette**	le comprimé
die **Tafel**	le tableau noir
der/am **Tag**	le jour
Es wird **Tag**, es wird hell.	Il commence à faire jour.
der folgende **Tag**	le lendemain
Guten **Tag.**	Bonjour.
die **Tagesdecke**	le dessus-de-lit
das **Tal**	la vallée
die **Tankstelle**	la station-service
den **Tank** auffüllen	faire le plein
die **Tanne**	le sapin
die **Tante**	la tante
tanzen	danser
die **Tanzfläche**	la piste de danse
die **Tasche**	la poche
das **Taschenbuch**	le livre de poche
der **Taschenrechner**	la machine à calculer
die **Tasse**	la tasse
die **Tastatur**	le clavier
die **Taube**	le pigeon
(ein-) **tauchen**	plonger
tauen	fondre
tausend	mille
das **Taxi**	le taxi
ein **Taxi rufen**	appeler un taxi
der **Taxifahrer**	le chauffeur de taxi
der **Taxistand**	la station de taxis
der **Tee**	le thé
die **Teekanne**	la théière
die **Teigwaren**	les pâtes
teilen	diviser

das **Telefon**	le téléphone
einen **Telefonanruf** beantworten	répondre au téléphone
das **Telefonbuch**	l'annuaire (m)
die **Telefonnummer**	le numéro de téléphone
die **Telefonzelle**	la cabine téléphonique
das **Telegramm**	le télégramme
ein **Telegramm** schicken	envoyer un télégramme
der **Teller**	l'assiette (w)
die **Temperatur**	la température
die **Temperatur** messen	prendre la température
das **Tennis**	le tennis
Tennis spielen	jouer au tennis
der **Tennisplatz**	le court de tennis
der **Tennisschläger**	la raquette
die **Tennisschuhe**	les tennis (m)
der **Teppich**	le tapis
der **Teppichboden**	la moquette
der **Terminkalender**	l'agenda (m)
teuer	cher (chère)
Das/Es ist **teuer**.	C'est cher.
das **Theater**	le théâtre
das **Theaterstück**	la pièce de théâtre
die **Theke**	le comptoir
das **Thermometer**	le thermomètre
tief	profond(e)
die **Tiefkühlkost**	les produits (m)
congelés	
das **Tier**	l'animal (m)
der **Tiger**	le tigre
der **Tisch**	la table
den **Tisch decken**	mettre le couvert
Zu Tisch!	A table!
die **Tischdecke**	la nappe
die **Tischlerei**	la menuiserie
die (einzige) **Tochter**	la fille (unique)
der **Tod**	la mort
die **Toilette**	les toilettes (w/M)
die **Tomate**	la tomate
das **Tonbandgerät**	le magnétophone
das **Tor**	le but
ein **Tor** schießen	marquer un but
die **Torte**	la tarte
der **Torwart**	le gardien de but
der **Tourist**	le touriste
die **Touristin**	la touriste
tragen	porter
die (Kranken-) **Trage**	le brancard
der **Träger**	le porteur
die **Tragetasche**	le sac
trainieren	faire du keepfit
der **Trainingsanzug**	le survêtement
der **Traktor**	le tracteur
die **Traube**	le raisin
die **Trauerweide**	le saule pleureur
träumen	rêver
treffen	rencontrer
treiben (auf dem Wasser)	flotter
die **Treppe**	l'escalier (m)
die **Treppe** hinaufgehen	monter l'escalier
die **Treppe** hinuntergehen	descendre l'escalier
trinken	boire
das **Trinkgeld**	le pourboire
trocknen	sécher
sich die Haare **trocknen**	se sécher les cheveux
die **Trommel**	le tambour
trommeln	jouer du tambour
die **Trompete**	la trompette
Trompete spielen	jouer de la trompette
die **Tulpe**	la tulipe
die **Tür**	la porte
Turnen	la gymnastique
die **Tüte**	le sac

U

über	par dessus
die **Überfahrt**	la traversée
sich übergeben	vomir
überholen	doubler
übermorgen	après-demain
überqueren	traverser
die Straße **überqueren**	traverser la rue
die **Überschrift**	le gros titre
die **Überflutung**	l'inondation (w)
die **Überstunden**	les heures (w) supplémentaires
überwachen, beaufsichtigen	surveiller
die **UdSSR**	l'URSS (w)
das **Ufer**	la rive
die **Uhr**	la montre
Wieviel **Uhr** ist es?	Quelle heure est-il?
acht **Uhr** abends	huit heures du soir
acht **Uhr** morgens	huit heures du matin
Es ist ein **Uhr**.	Il est une heure.
Es ist drei **Uhr**.	Il est trois heures.
umziehen	déménager
umwerfen	renverser
unartig, boshaft	méchant(e)
und	et
unglücklich	malheureux (malheureuse)
unhöflich	impoli(e)
die **Universität**	l'université (w)
das **Unkraut**	la mauvaise-herbe
Unkraut jäten	désherber
unscharf	flou(e)
unten	en bas

unter	sous
unter (mehreren anderen)	parmi
die **Unterführung**	le passage souterrain
das **Untergeschoß**	le sous-sol
die **U-Bahn**	le métro
die **U-Bahnstation**	la station de métro
(sich gut) **unterhalten**	(bien) s'amuser
das **Unterhemd**	la chemise de corps
die **Unterhose**	le caleçon
unternehmungslustig	plein(e) d'entrain
der **Unterricht**	le cours
unterrichten	enseigner
der **Unterrock**	le jupon
unterschiedlich	différent(e)
die **Untertasse**	la soucoupe

V

der **Vater**	le père
die **Verbrennung**	la brûlure
sich **verstecken**	se cacher
verboten	interdit(e)
die **Vereinigten Staaten**	les Etats-Unis (m/M)
die **Vergangenheit**	le passé
das **Vergißmeinnicht**	le myosotis
verkaufen	vendre
der **Verkäufer**	le vendeur
die **Verkäuferin**	la vendeuse
der **Verkehr**	la circulation
die **Verkehrsampel**	les feux (m)
der **Verkehrsstau**	l'embouteillage (m)
verlangsamen	ralentir
der **Verletzte**	le blessé
die **Verletzte**	la blessée
verlieren	perdre
sich **verloben**	se fiancer
die **Verpackung**	l'emballage (m)
verschwommen	flou(e)
verspätet	en retard
verspätet sein	être en retard
verspielt	fou-fou (fo-folle)
sich ... **verstauchen**	se fouler ...
sich das Handgelenk **verstauchen**	se fouler le poignet
sich **verstecken**	se cacher
verteilen	distribuer
verwandt sein mit	être parent(e) de
der **Vetter**	le cousin
das **Videogerät**	le magnétoscope
vier	quatre
der **vierte** (nur für Daten)	le quatre
ein **Viertel**	un quart
vierzehn	quatorze
vierzig	quarante
violett	violet(te)
der **Vogel**	l'oiseau (m)
die **Vogelscheuche**	l'épouvantail (m)
voll, besetzt	complet (complète)
das **Volumen**	le volume
von, weg von	de
vor	devant
vorgestern	avant-hier
der **Vorhang**	le rideau
die **Vorhänge** aufmachen	tirer les rideaux
der **Vorname**	le prénom
das **Vorortgebiet**	la banlieue
vorsichtig	soigneux (soigneuse)
Vorsicht, bissiger Hund!	Attention, chien méchant!
der/die **Vorsitzende**	le/la chef
die **Vorspeise**	l'entrée (w)
vorstellen	présenter
die **Vorwahl**	l'indicatif (m)
vorwärts	en avant

W

die **Waage**	la balance
der (Einkaufs-) **Wagen**	le chariot
wägen, wiegen	peser
der **Waggon**	le wagon
die **Wahl**	l'élection (w)
wählen	voter
wahr	vrai(e)
der **Wald,** das Holz	le bois
die **Wand**	le mur
der **Wandschrank**	le placard
die **Wanduhr**	la pendule
die **Wange**	la joue
warm, heiß	chaud(e)
Mir ist **warm.**	J'ai chaud.
der **Wartesaal**	la salle d'attente
die **Wäsche**	la lessive
die Wäsche **waschen**	faire la lessive
die **Wäscheklammer**	la pince à linge
die **Wäscheleine**	la corde à linge
sich **waschen**	se laver
sich die Haare **waschen**	se laver les cheveux
der **Waschlappen**	le gant de toilette
die **Waschmaschine**	la machine à laver
das **Wasser**	l'eau (w)
das heiße **Wasser**	l'eau (w) chaude
das kalte **Wasser**	l'eau (w) froide
der **Wasserhahn**	le robinet
Wasserski fahren	faire du ski nautique
waten	barboter
der **Wechselkurs**	le cours du change
wechseln	changer
Geld **wechseln**	changer de l'argent
der **Wecker**	le réveil
weg	loin

weg von	de
der **Weg,** der Pfad	le chemin
nach dem **Weg** fragen	demander le chemin
der **Weg** (im Garten)	l'allée (w)
der (Feld-) **Weg**	le sentier
der **Wegweiser**	le poteau indicateur
weich	doux (douce)
Weihnachten	Noël
Frohe **Weihnachten!**	Joyeux Noël!
der **Weihnachtsbaum**	le sapin de Noël
das **Weihnachtslied**	le chant de Noël
der **Weihnachts-feiertag**	le jour de Noël
der **Wein**	le vin
der **Weinberg**	le vignoble
weinen	pleurer
die **Weinrebe**	la vigne
weiß	blanc (blanche)
weit, breit	large
weit entfernt von	loin de
Ist ... **weit** von hier entfernt?	Est-ce que ... est loin d'ici?
die **Welle**	la vague
der **Wellensittich**	la perruche
der **Welpe**	le petit chien
die **Welt**	le monde
das **Weltall**	l'univers (m)
der **Weltraum**	l'espace (m)
werfen	lancer
die **Wespe**	la guêpe
die **Weste**	le gilet
der **Westen**	l'ouest (m)
das **Wetter**	le temps
Wie ist das **Wetter**?	Quel temps fait-il?
der **Wetterbericht**	la météo
wichtig	important(e)
Wie geht es euch/Ihnen?	Comment allez-vous?
Auf **Wiederhören**!	Au revoir!
Auf **Wiedersehen**!	Au revoir!
(sich) **wiegen**	peser
das **Wiegenlied**	la berceuse
die **Wiese**	la prairie
Wiesenblumen	les fleurs sauvages (w)
Wieviel ...?	Combien ...?
Wieviel kostet ...?	Combien coûte ...?
Wieviel schulde ich Ihnen/euch?	Combien je vous dois?
wild	sauvage
die **Wimperntusche**	le mascara
der **Wind**	le vent
Es ist **windig**.	Il fait du vent.
die **Windschutzscheibe**	le pare-brise
windsurfen	faire de la planche à voile
der **Winter**	l'hiver (m)
winzig	minuscule
die **Woche**	la semaine
die nächste **Woche**	la semaine prochaine
das **Wochenende**	le week-end
wohlriechend	parfumé(e)
wohnen	habiter
in einem Haus **wohnen**	habiter une maison
in einem Hotel **wohnen**	rester à l'hôtel
die **Wohnung**	l'appartement (m)
der **Wohnwagen**	la caravane
das **Wohnzimmer**	le salon
die **Wolke**	le nuage
der **Wolkenkratzer**	le gratte-ciel
die **Wolle**	la laine
aus **Wolle**	en laine
die **Wolljacke**	la veste de l'aine
das **Wort**	le mot
die **Wunde**	la blessure
wünschen	désirer
Sie **wünschen**?/Ihr wünscht?	Vous désirez?
Was **wünschen** Sie?/ Was wünscht ihr?	Que désirez-vous?
die **Wurst**	le saucisson
das **Wurstgeschäft**	la charcuterie
das **Würstchen**	la saucisse
die **Wüste**	le désert

Z

zahm	apprivoisé(e)
der **Zahn**	la dent
sich die **Zähne** putzen	se brosser les dents
sich einen **Zahn** plombieren lassen	se faire plomber une dent
der **Zahnarzt**	le dentiste
die **Zahnärztin**	la dentiste
die **Zahnbürste**	la brosse à dents
die **Zahnpasta**	le dentifrice
Zahnschmerzen haben	avoir mal aux dents
das **Zebra**	le zèbre
der **Zeh**	le doigt de pied
zehn	dix
der **Zeichner**	le dessinateur
die **Zeichnerin**	la dessinatrice
die **Zeit**	le temps
die **Zeitschrift**	le magazine
die **Zeitung**	le journal
der **Zeitungsstand**	le kiosque
das **Zelt**	la tente
ein **Zelt** aufbauen	dresser une tente
zelten	camper
der **Zentimeter**	le centimètre
zerbrechen	casser
zerreißen	déchirer
die **Ziege**	la chèvre
ziehen	tirer

das **Zimmer**	la chambre
die **Zitrone**	le citron
der **Zoll**	la douane
Nichts zu ver**zollen**.	Rien à déclarer.
der **Zöllner**	le douanier
der **Zoo**	le zoo
der **Zoowärter**	le gardien de zoo
die **Zoowärterin**	la gardienne de zoo
die **Zöpfe**	les nattes (f)
Zöpfe haben	avoir des nattes
der **Zucker**	le sucre
zufrieden mit	content(e) de
der **Zug**	le train
den **Zug** erwischen/ nehmen	prendre le train
den **Zug** verpassen	manquer le train
der **Zug** nach ...	le train à destination de ...
der **Zug** aus ...	le train en provenance de ...
Zugabe!	Bis!
der **Zugführer**	le chef de train
die **Zukunft**	l'avenir (m)
in der **Zukunft**	à l'avenir
die **Zunge**	la langue
sich **zurechtmachen**	faire sa toilette
zurückrufen	rappeler
zurückziehen	retirer
zusammen	ensemble
zusammenzählen	additioner
der **Zusammenstoß**	la collision
die **Zuschauer**	les spectateurs (m)
die **Zutaten**	les ingrédients (m)
zwanzig	vingt
zwei	deux
der **Zweig**	la branche
zweite(r)	deuxième
Zweite Klasse	deuxième classe (w)
der **zweite** (nur für Daten)	le deux
die **Zwiebel**	l'oignon (m)
die **Zwillinge**	les jumeaux (m)
der **Zwillingsbruder**	le jumeau
die **Zwillingsschwester**	la jumelle
zwischen (zwei)	entre
zwölf	douze

94 93 92 91 5 4 3

Titel der Originalausgabe:
»Beginner's French Dictionary«

Deutsche Bearbeitung: Barbara Hess
und Brigitta Taroni
Redaktion: Nicole Irving
unter Mitarbeit von Anita Ganeri
Gestaltung: Brian Robertson
Zusätzliche Illustrationen: Kim Blundell
Handschriften: Jack Potter
Umschlaggestaltung:
Atelier Langenfass, Ismaning
Printed in Great Britain
ISBN 3-7607-4520-2

CIP-Titelaufnahme der Deutschen Bibliothek

Davies, Helen:
Bildwörterbuch Französisch / Helen Davies u.
Francoise Holmes. Ill.: John Shakell.
[Dt. Bearb.: Barbara Hess u. Brigitta Taroni].
- München : Ars-Ed., 1989
Einheitssacht.:
Beginner's french dictionary <dt.>
Aus d. Engl. übers.
ISBN 3-7607-4520-2
NE: Holmes, Francoise;
Hess, Barbara [Bearb.]; HST

mit Spaß ENTDECKEN

Sachbücher für Kinder und Jugendliche

ISBN 3-7607-4516-4

ISBN 3-7607-4517-2

ISBN 3-7607-4518-0

ISBN 3-7607-4509-1

ISBN 3-7607-4510-5

ISBN 3-7607-4511-3

ISBN 3-7607-4512-1

ISBN 3-7607-4533-4

ISBN 3-7607-4534-2

ISBN 3-7607-4522-9

ISBN 3-7607-4523-7

ISBN 3-7607-4531-8

ISBN 3-7607-4532-6

mit Spaß
ENTDECKEN
Sachbücher für Kinder und Jugendliche

ISBN 3-7607-4540-7

ISBN 3-7607-4541-5

ISBN 3-7607-4542-4

ISBN 3-7607-4543-1

ISBN 3-7607-4544-X

ISBN 3-7607-4545-8

ISBN 3-7607-4552-0

ISBN 3-7607-4524-5

ISBN 3-7607-4546-6

ISBN 3-7607-4538-5

ISBN 3-7607-4547-4

ISBN 3-7607-4525-3

ISBN 3-7607-4539-3

ISBN 3-7607-4548-2